ulmer

Martin Pöt Stoldt

Backen ohne Hefe und Sauerteig

Brot und Gebäck mit Backferment, Weinstein & Co.

AF639685

>>>>>>>>>>> Gut Ding will Weile haben

Physikalisch-mechanische Triebmittel 101

Service 171

עבור הבת האהובה שלי איבדתי...

>>>>>>>>>> Vorwort

Liebe Leserin, lieber Leser,
aus der Buchreihe „Erfolgreich backen mit Pöt" liegt der neue Titel vor Ihnen. Er beschäftigt sich mit all den anderen Triebmitteln, die es außer Sauerteig und Hefe noch gibt. Und das sind eine ganze Menge. Sie kommen, wie auch Hefe und Sauerteig, aus dem biologischen Bereich, aber es gibt auch Triebmittel, die aus chemischen Prozessen entstehen (und dabei gar nicht so chemisch sind, wie man vermuten könnte). Zum Schluss stelle ich Ihnen noch einige Triebmittel vor, die aufgrund physikalischer Gesetzmäßigkeiten einen aufgegangenen Teig produzieren – sei es, indem wir vor dem Backen ordentlich Schaum schlagen, oder indem wir Dampf, der beim Backen aus der Feuchtigkeit entsteht, einfach nicht aus dem Gebäck heraus lassen, sondern seine Kraft, die ja immens sein kann, zum Aufgehen nutzen.

In diesem Buch liegt der Schwerpunkt nicht auf Brot und Brötchen, wobei dennoch ein paar Brotrezepte dabei sind. Dafür gibt es umso mehr Rezepte für Kuchen und andere feine Backwaren.

Ich hoffe, dass Sie viele neue Informationen erhalten, Zusammenhänge besser verstehen und Lust zum Nachbacken bekommen werden.

Ihnen immer viel Erfolg

Ihr

Martin Pöt [illegible]

Biologische Triebmittel

>>>>>>>>>>> Allgemeines und Geschichte der biologischen Triebmittel

Liebe Leserin, lieber Leser,
eine ganz zentrale Stellung innerhalb der biologischen Triebmittel haben die Bereiche „Hefe“ und „Sauerteig“. Um diese beiden geht es aber in diesem Buch nicht.

Doch da die biologischen Triebmittel eine gemeinsame Geschichte haben, die sich erst später trennte – und auch die sonstigen heute verfügbaren alternativen biologischen Triebmittel Gemeinsamkeiten haben – gebe ich zum Einstieg in das Thema einen Gesamtüberblick, der Hefe und Sauerteig einschließt. Wer mehr darüber wissen möchten, den verweise ich auf die ebenfalls von mir verfassten Bände speziell zum Sauerteig und zur Hefe. Sie sind in der Reihe „Erfolgreich backen mit Pöt“ erschienen.

Der Anfang

Geschichtlich sind Hefe und Sauerteig etwa zur gleichen Zeit als Triebmittel zum Backen verwendet worden, wenn auch auf unterschiedlichen Getreidesorten, mit unterschiedlichen Verfahren und unter unterschiedlichen Voraussetzungen. Bei der Hefe wurden im Nahen Osten vor allem die obergärigen Hefen zur Bierherstellung verwendet. Unter den Pharaonen in Ägypten führte das zur fast industriellen Produktion von Broten mit Bierhefen. Anders ließen sich die großen Mengen an Arbeitern nicht ernähren. Auch war Bier anstelle von Wasser zum Trinken üblich. Jeder Arbeiter der Pyramiden beispielsweise bekam eine festgelegte Ration an Brot und Bier. Allerdings darf man sich weder unter Brot noch unter Bier das vorstellen, was wir heute aus den Handwerksbäckereien oder der Brauerei kennen. Das Bier war eher sauer und das Brot sehr einfach, flach und recht fest.

Das Verfahren blieb dann lange Zeit dasselbe. Getreideart und Brotformen wechselten immer wieder, das Brot wurde mitunter feiner und das Sortiment erheblich größer. Grundsätzlich holte man aber immer die Hefe zum Backen aus den Brauereien. Solange also eine Brauerei in der Nähe war, war alles klar.

Im Mittelalter

Jetzt gab es aber ein Problem mit der „obergärigen Brauereihefe“. Da sie an der Oberfläche schwamm, das Gärverfahren warm ablief und es damals nicht die heute übliche Hygiene gab, wurden das Bier und damit die Hefe schnell schlecht. Auch kippte das Bier schnell um. Zwar war es saurer als heute (und auch die Verwendung von Hopfen war noch unbekannt), aber es gab keine ausreichende Sicherheit gegen Fremdbefall (Bakterien, Schimmel etc.).

Man behalf sich damit, dass man die Hefekultur auswechselte und das Verfahren änderte. Es entstanden die sogenannten „untergärigen Biere“, heute vor allem als Sorte Pils bekannt, die obergärigen Biere wurden dadurch etwas zurückgedrängt. Die untergärigen Biere hatten das Problem der Fremdkontaminierung nicht mehr.

Es wurde auch erheblich kühler gebraut. Der Sud musste im Sommer gekühlt werden. Wo bekam man im Sommer Eis her? Nun, im Winter goss man Wasser auf Holzgestelle und das so gewonnene Eis wurde in tiefen Kellern für den Sommer ganz kompakt eingelagert. Auch schnitt man im Winter bisweilen Eisschollen aus den zugefrorenen Flüssen.

Eines half den Brauern dabei stark: Das Klima trat gerade in eine neue Phase. Es herrschte die „Kleine Eiszeit" des Mittelalters. Diese hielt die Erde von Anfang des 15. bis in die Mitte des 19. Jahrhundert im Griff. Wir kennen alle die Bilder der Maler, die Eis- und Schlittschuhläufer auf zugefrorenen Gewässern zeigen. Wir kennen die Berichte von Sommern, die keine Sommer waren. Von ausgefallenen Ernten. Von Hungersnöten und starkem Käferbefall der geschwächten Kartoffelpflanzen. Und von Menschenmassen, die aus der Not heraus in andere Weltteile (vor allem nach Nordamerika) auswanderten.

Die nötige Lagerung des Eises in den Eiskellern schuf ferner ein Kulturgut, das wir heute noch kennen. Die Eiskeller waren unterirdisch (wegen des Schutzes vor Sonne) und wurden zusätzlich mit Bäumen bepflanzt, die große Kronen für Schattenwurf hatten, schnell wuchsen und sehr flach wurzelten: meist Kastanien.

Brauereien hatten schon lange das Schankrecht. Das bedeutete, dass sie eigenes Bier ausschenken und verkaufen durften. Sie waren also „Bierhöfe" oder „Brauschenken". Aber Speisen durften sie nicht anbieten. Das war nur den „Speisegaststätten" (auch „Speisegasthaus" oder „Speisegasthof") vorbehalten. „Brauereigasthäuser" waren sehr selten oder ganz unbekannt. Deswegen brachten sich die Gäste die Speisen einfach mit. Und so hat es sich bis in die heutige Zeit gehalten und wurde Teil der süddeutschen, vor allem aber der bayerischen Kultur: der Biergarten, in dem man über den Eiskellern im Schatten der Kastanien und anderen mächtigen Bäumen Bier trinken konnte und sich seine Brotzeit selbst mitbrachte.

Loslösung vom Bier

Problematisch wurde es für die Bäcker, die bereits mit Hefe Brot backten, sie bekamen ein Beschaffungsproblem. Bisher war die Hefe zum Backen ein Abfallprodukt gewesen, das kostenlos, oder zumindest sehr günstig, von Brauereien zu erhalten war. Doch die Brauer stiegen zum großen Teil auf die untergärige Hefe um, die nicht zum Backen verwendet werden kann. Nun wurde die benötigte Hefe von findigen Menschen, die die Nachfrage erkannten, extra für Bäcker hergestellt. Und die Bäcker mussten sie kaufen.

Das hatte aber auch Vorteile: Denn zum ersten Mal wurden spezielle Hefen hergestellt, die extra für Bäcker optimiert wurden und nicht nur für das Brauen von Bier. Hefe, die nicht nur von den Brauern den Bäckern überlassen wurde, sondern bei der die Bäcker Einfluss hatten und eigene Wünsche anmelden konnten. Und man wurde natürlich von den Brauereien unabhängig – zeitlich und räumlich. Bäckerhefe gab es das ganze Jahr über und nicht nur, wenn Bier gebraut wurde, und auch, wo keine Brauerei in der Nähe war, war ausreichend Hefe zum Backen erhältlich.

Diese erste Bäckerhefe wurde – wie vorher die Bierhefe auch – aus Getreide gezogen; heute ist das anders. Und durch die nun spezialisierte Hefe konnte das Getreide besser zu Brot verbacken und stärker auf die Eigenheiten der unterschiedlichen Getreidesorten eingegangen werden. Es wurde beispielsweise zunehmend auf eine stärkere und schnellere Teiggärung Wert gelegt. Andere Eigenschaften der Hefe wurden nicht benötigt und fielen durch die zunehmend gezielte Züchtung künftig weg: zum Beispiel Resistenz gegen Säure und, Temperaturtoleranz.

Echte und reine Bäckerhefe war entstanden.

Neuzeit

Das Brotbacken stand zunehmend auf zwei Beinen: Sauerteig und Bäckerhefe. Hefe war noch nicht weit verbreitet. Noch bis weit ins 20. Jahrhundert gab es viele Handwerksbäckereien, in denen die Bäcker ausschließlich mit Sauerteig – nämlich mit kräftigen Roggensauerteigen und milden Weizensauerteigen – Brot, Brötchen und teils auch einfache Kuchen buken.

Anders war es bei den Konditoren. Das Bäckerhandwerk war damals noch stark untergliedert, es gab neben Brotbäckern auch Konditoren, Zuckerbäcker, Feinbäcker usw. Sie wandten sich schnell der Bäckerhefe zu, weil feine Kuchen zum Beispiel mit Hefe viel einfacher herzustellen waren. Daneben wechselten sie auch zu anderen Triebmitteln wie Eischaum. Auch die Feinbäcker wechselten schnell.

Rudolf Virchow (1821 bis 1902) entdeckte dann die unterschiedlichen Mikroorganismen. Damit war der Weg geebnet, nicht nur durch zufällige Mutationen Züchtungen an Hefen und Sauerteigen vorzunehmen, sondern die biologischen Zusammenhänge grundlegend zu verstehen und die Herstellungsprozesse zu beeinflussen. Unmittelbar kam es zum ersten großen Wandel in der Hefeherstellung. Weil das Getreide als Grundlage für das Heranzüchten der Hefe zu kostbar und volkswirtschaftlich zu verschwenderisch war, wechselte man zur Züchtung auf Melasse.

>>>>>>>>>>> Hefe und Sauerteig

Liebe Leserin, lieber Leser,
Hefe und Sauerteig gehören zu den wichtigsten Triebmitteln. Es gibt aber noch viele, viele andere Möglichkeiten, ein Brot, einen Kuchen oder ein anderes Gebäck auf biologische Art aufgehen zu lassen. Es gibt Backferment und das Honig-Salz-Verfahren, es gibt viele Möglichkeiten mittels chemischer Prozesse CO_2 zu erzeugen (anders machen es Hefe und Sauerteig auch nicht). „Chemisch" bedeutet aber nicht, dass wir uns tief in die Chemieküche begeben müssen. Der Begriff „chemische Triebmittel" bezieht sich darauf, dass wir Substanzen, die zum großen Teil ebenfalls aus der Natur kommen, dazu bringen, in einem chemischen Prozess ein Gebäck aufgehen zu lassen. Es sind eben nur keine Pilze (Hefe und Sauerteig) oder Bakterien (Sauerteig), die in einem lebenden Prozess Kohlendioxid produzieren.

Und natürlich gibt es noch mechanische oder physikalische Möglichkeiten, Luft in Gebäck zu bekommen.

Dies alles wird hier vorgestellt. Nur eben nichts mit Hefe oder Sauerteig (wobei ich zugeben muss, dass ganz, ganz vereinzelt auch sehr kleine Mengen Hefe verwendet werden).

>>>>>>>>>>> Backferment (Hugo Erbe)

Unter der Bezeichnung „Backferment“ wird ein Produkt in Granulatform angeboten, das als Triebmittel bei der Brotherstellung verwendet werden kann.

Inhaltsstoffe sind Weizen, Saaterbsen und Honig. Durch die Verwendung von Weizen ist es nicht für an Zöliakie erkrankte Menschen geeignet. Aufgrund des Honigs ist es nicht vegan. Es werden aber auch vegane Alternativen im Handel angeboten, die anstatt des Honigs pflanzliche Alternativen enthalten. Nun gibt es Menschen mit einer Hefesensibilität (medizinisch nicht korrekt, aber umgangssprachlich auch „Hefeallergie“ genannt). Diese vertragen die wilden Nektarhefen aus Pflanzen und Blüten, so wie sie von den Bienen in den Stock eingetragen werden, in aller Regel aber ausgezeichnet. Aus diesem Grund bezeichnet man das Backferment auch als „hefefrei“ (was streng genommen ja nicht stimmt).

Eigentlich ist Backferment, wie wir es heute kennen, eine besondere Art von Sauerteig. Der Unterschied zu herkömmlichen Sauerteigen liegt darin, dass die wilden Hefen eben nicht aus dem Getreide, bzw. von der Getreideschale kommen, sondern beim Backferment aus dem Nektar. Die von Bienen mitgesammelten und im Honig eingelagerten Hefen sind eigentlich zwar sehr aktiv, werden aber durch den hohen Zuckergehalt des Honigs vorerst bis zum Stillstand gebremst. Hoher Zucker- und auch Salzgehalt stoppen Hefen und andere Mikroorganismen, sie konservieren. Um aktiv zu werden, benötigen die Nektarhefen eine ausreichende Verdünnung des Zuckers und oft zusätzliche weitere Kohlenhydrate in Form von Stärke.

Die konservierende Wirkung des Honigs (durch den hohen Zuckergehalt, der Zellen Feuchtigkeit entzieht) war schon vor rund 5000 Jahren bekannt und wurde bereits in Ägypten und dem Nahen Osten (im sogenannten „Fruchtbaren Halbmond“, siehe „Gutes Brot braucht Zeit“, M. P. Stoldt) angewendet. Auch zur Herstellung von alkoholischen Getränken wurde Honig schon lange benutzt. Man musste nur die starke Konzentration des honigeigenen Zuckers herabsetzen (beispielsweise durch Zugabe von Wasser oder zuckerarmen Säften), um eine Gärung mit der wilden Nektarhefe anzustoßen. Heute wird für Met in aller Regel konzentrierte Reinzuchthefe verwendet, da sie zuverlässiger startet.
Die Hefe wandelte dann den Zucker in Alkohol um und ihre Stoffwechselprodukte, Kräuter und weitere Zusätze gaben dem Met seinen typischen Geschmack. So konnten mit einfachem Verfahren Getränke mit bis zu 10–15 Volumen-% Alkohol erreicht werden. Met wurde von den ägyptischen Hochkulturen noch bis ins Mittelalter gerne getrunken. Es waren also nicht nur die guten alten Germanen mit ihren Trinkhörnern ...

Kommen wir aber zurück zum Backferment. Anders als beim üblichen Sauerteig sind die mit Backferment hergestellten Backwaren nur recht mild-säuerlich. Es werden vor allem die Milchsäurebakterien herangezüchtet, weniger die essigsäureproduzierenden Säuren. Aber Backferment hat viele der Vorteile eines herkömmlichen

Sauerteiges: Brote aus Hirse, Hafer, Reis und Gerste sind damit gut backbar. Auch wird das verwendete Getreide gut aufgeschlossen und unbekömmliche Inhaltsstoffe wie Phytin durch die langen Führungen zum großen Teil abgebaut. Einer der Nachteile gegenüber Hefe oder Backpulver ist aber (ähnlich wie beim Natursauerteig), dass der zeitliche Ablauf nicht genau geplant werden kann, sondern der Gärprozess etwas schwerer kalkulierbar ist. Da dieses aber meist nur am Anfang Probleme bereitet, sollte man sich nicht von der Nutzung des Backfermentes abhalten lassen. Die Übung macht sich schnell bemerkbar, sodass man sich hinterher fragt, wovor man eigentlich ursprünglich Angst hatte.

Anthroposophie und Rudolf Steiner

Die Entwicklung des Backfermentes nach Hugo Erbe begann in der frühen Anthroposophie. Rudolf Steiner gab dem Stuttgarter Bäcker Paul Burkhard Anleitungen, wie ein sehr bekömmliches Brot (er nannte es „das neue Brot“) herstellen könne. Dieses solle aus dem Spannungsfeld zwischen „Honig und Salz“ bereitet werden. Daraus entstand dann durch unterschiedliche Versuche und Weiterentwicklungen das „Honig-Salz“-Verfahren (siehe nächstes Kapitel, Seite 26)

Hugo Erbe, der in Ulm eine Bäckerei betrieb und sich intensiv mit der biologisch-dynamischen Landwirtschaft nach Rudolf Steiner auseinandersetzte, ergriff die Anregung von Rudolf Steiner zu einem Trieb im Brot mit Honig und Salz auf, da er die Backhefe für die Verdauung des Menschen für unzuträglich hielt. Seine vielfältigen Versuche ergaben aber keine befriedigenden Ergebnisse, sodass er ein weiteres System (das eigentlich alchemistische Prinzip „Sulfur-Sal-Merkur“) mit zugrunde legte. Er verzichtete auf die Verwendung von Salz und verwendet zusätzlich Erbsenmehl. Und es gelang. Daraus entwickelte er in den 1920er-Jahren sein Backferment. Das von Erbe gefundene Backtriebmittel wurde 1939 patentiert. Herstellen und im großen Stil verkaufen konnte er sein Backferment aber nicht, da ihm dazu die Möglichkeiten und sicher auch der entsprechende Geschäftssinn fehlten. Aber er selber wandte sein Verfahren in seiner Backstube an. Und stieß damit auf beachtliche Nachfrage.

Backferment heute

Nach dem Tod von Hugo Erbe im Jahr 1965 erschien unter Verwendung seines Namens ein Triebmittel, das nur funktionierte, wenn man zunächst einen sogenannten „Grundsauer“ herstellte. Damit wurde das aus dem Triebmittel „Backferment“ gemacht, was Erbe eigentlich gerade vermeiden wollte: Er wollte keinen Sauerteig, der über unterschiedliche Stufen geführt wird, sondern empfahl die Verwendung seines Backtriebmittels in einer einzigen, recht langen Gärführung. Beides ist heute möglich.

Die Entwicklung von Erbes Backferment war damals noch nicht zur Marktreife gelangt. Es fehlten Verbesserungen in der Herstellung, der Anwendung und vor allem ausreichende Anleitungen auch für den interessierten Laien. Ada Pokorny (1916 bis 2008) stieß genau in diese Lücke. Mit ihrem Buch „Backen von Brot und Gebäck aus allen 7 Getreidearten“ (siehe Literaturtipps Seite 173) entwickelte sie in dem anthroposophischem „Arbeitskreis für Ernährungsforschung“ die nötigen Anleitungen und Rezepte. Das dazu passende „Spezialbackferment" wurde in einem Labor aus den Ideen Erbes weiter entwickelt. Es wird heute von der Firma „Sekowa" als „Backferment nach Hugo Erbe" vertrieben.

Daneben gibt es auch noch das anthroposophische Honig-Salz-Verfahren, das sich stärker an die Anleitung und Hinweise Rudolf Steiners hält. Doch das ist Thema im nächsten Kapitel.

Backferment: Backen mit Grundansatz

Wir haben im letzten Kapitel gelesen, dass das Backen mit Backferment eigentlich dem Backen mit Sauerteig stark ähnelt. In manchen Punkten müssen wir aber Änderungen vornehmen. Vor allen Dingen benötigen wir am Anfang ein Thermometer. Geben wir zum Sauerteig nur „lauwarmes", das heißt eher kühleres als zu warmes Wasser zum Ansatz dazu, so müssen wir es nun viel genauer machen. Die Temperatur des Wassers sollte genau eingehalten werden. Schon wenige Grade kühler verlängern die Teigführung erheblich und wenige Grade mehr stören das Backferment und können es sogar abtöten. Später, wenn man ausreichend Erfahrungen hat, kann man sicher auf das Messen der Wassertemperatur verzichten, am Anfang aber ist ein Thermometer ein wichtiges Utensil. Den Grundansatz erstellt man nach folgender Anleitung.

Grundansatz „Backferment"

Zutaten Vorteig:
3 TL Backferment nach Erbe
100 ml Wasser (40 °C)
50 g Weizen- oder Dinkelschrot
50 g Weizenmehl (Type 550) oder Dinkelmehl (Type 630)
3 TL Backferment nach Erbe

ZUBEREITUNG:
Das Backferment in 100 ml Wasser (40 °C) auflösen und mit dem Schrot und Mehl zusammen gut durchmischen. An einem warmen Ort (bei 30 °C) zugedeckt 15 bis 24 Stunden gehen lassen. Ein Platz am Heizungskörper, im Heizungskeller, in der Kochkiste oder im Backofen (nur bei Licht, ohne Temperatur) ist dazu geeignet. Das 550er-Mehl wird verwendet, da es von den Mikroorganismen schneller verwertet werden kann. Eine deutliche Bläschenbildung zeigt an, wenn der Teig reif ist. Wenn die Temperatur niedrig (20–25 °C) ist, kann es länger dauern, bis er der Ansatz ausreichend gärt.

Zutaten Hauptansatz:
200 ml Wasser (40 °C)
100 g Weizen- oder Dinkelschrot
100 g Weizenmehl (Type 550) oder Dinkelmehl (Type 630)

ZUBEREITUNG:
Wenn der Teig ausreichend gegangen ist, fügt man das Wasser, den Weizenschrot und das Weizenmehl (Type 550er) hinzu, rührt es kräftig um und stößt damit die Gärung weiter an. Das Volumen steigt um das dreifache an. Je nach Gärtemperatur dauert es 7 bis 15 Stunden. Dann ist der Grundansatz fertig und kann in einem sauberen Schraubglas einige Monate im Kühlschrank aufbewahrt werden.

Man braucht zum Backen nicht viel Grundansatz, da weiteres Backferment auch noch in den Teig gegeben wird. So kann man immer etwas vom Grundansatz entnehmen. Wenn der Ansatz verbraucht ist, sollte man nach obigen Verfahren einen neuen herstellen. Leider ist der Backferment-Sauerteig nicht sauer genug und damit nicht ausreichend stabil, sodass er mitunter „umkippen" und schlecht werden kann. Aus diesem Grund empfiehlt sich der regelmäßige Neuansatz und nicht das dauernde Weiterführen, wie wir es bei einem traditionellen Sauerteig machen.

Der Grundansatz mit Backferment ist einem klassischen Sauerteig recht ähnlich. Nur das Wasser ist wärmer. Dazu benötigt man ein Thermometer, da die Grenze zum tödlichen „zu heiß" nur sehr schmal ist.

Backferment-Brotteig herstellen und backen

Als Grundrezept gehen wir von rund 1000 g Schrot/Mehlmenge aus.

Zutaten Vorteig:

2 EL Grundansatz (siehe oben)
1 TL Backferment
300 g Getreideschrot fein (Weizen, Dinkel, Roggen, oder Mischungen daraus)
300 ml Wasser (40 °C)

ZUBEREITUNG:
Als erstes wird ein Vorteig angesetzt. Dazu Grundansatz, Backferment, Getreideschrot und das Wasser gut mischen. Der Vorteig muss mindestens 12 Stunden bei 25 °C stehen (hier empfiehlt sich ebenfalls der Backofen, nur mit eingeschaltetem Licht, aber ohne Temperatur). Der Vorteig sollte danach von vielen kleinen Bläschen durchzogen sein und an der Oberfläche schaumig aussehen.

Zutaten Hauptteig:

350 ml Wasser (60 °C)
20 g Salz
700 g feines Schrot aus Weizen, Dinkel, Roggen, Buchweizen oder Hirse (oder eine beliebige Mischung daraus)

ZUBEREITUNG:
Als nächstes wird das Schrot mit dem im Wasser aufgelösten Salz zum Vorteig gegeben. Es sollte einen geschmeidigen Teig ergeben. Wenn Roggen im Teig enthalten ist, wird er klebrig sein, dann bitte nicht mit Mehl nachsteuern. Den Teig gut durchkneten und abgedeckt rund 45 Minuten ruhen lassen.

Anschließend den Teig in gefettete Kastenformen (30 cm Länge) geben, sodass sie drei Viertel hoch gefüllt sind, und für weitere 45 Minuten gehen lassen. Backofen inzwischen auf 220 °C Ober-/Unterhitze vorheizen und die Kastenformen auf der zweiten Schiene von unten etwa 60 Minuten bei 220 °C (Ober-/Unterhitze) backen. Noch warm aus der Form nehmen und mit einem Tuch bedeckt auskühlen lassen.

Im Grundrezept haben wir ein Kastenbrot vorgestellt. Aber es müssen nicht zwingend Kastenbrote sein. Es gibt viele Bäcker, die nach diesem Verfahren auch Brötchen, Fladen, sogar Toastbrot und Baguette backen.

Tipp:

Man sollte beim Aufbewahren und Verarbeiten darauf achten, dass man echte Sauerteige und Backferment-Ansätze räumlich ausreichend trennt, da die Sauerteigkulturen sehr stabil sind und sich überaus gerne auch auf Backferment-Ansätzen fortpflanzen. Die Teige sollten also nicht offen nebeneinander stehen, sondern zum Beispiel in verschlossenen Schraubgläsern aufbewahrt werden.

Backferment: Backen ohne Grundansatz

Es ist nicht zwingend ein Backferment-Grundansatz nötig. Er ist zwar eine sicherere Gärmethode, aber er benötigt ja einge Zeit. Allerdings, liebe Leserin und lieber Leser: Ohne Grundansatz wird es trotzdem kein Husch-husch-Brot, sondern benötigt immer noch einen ganzen Tag.

Aber schauen wir uns mal so ein Grundrezept an.

GRUNDREZEPT

Zutaten Vorteig:

30 g Honig
40 g Backferment-Granulat
500 ml Wasser (40 °C warm, mit Thermometer gemessen!)
500 g Roggenschrot (grob)

ZUBEREITUNG:

Honig und Backferment im Wasser auflösen und gut umrühren. Zum Roggenschrot geben, durchmischen (Achtung, es ist klebrig!). 24 Stunden bei 30 °C warm stehen lassen (im abgeschalteten Backofen mit einer heißen Wärmflasche oder nur mit eingeschaltetem Licht, ohne Temperatur). Nach dieser Zeit sollte der Vorteig leicht aufgegangen sein.

Zutaten Hauptteig:

300 g Weizen- oder Dinkelschrot (fein)
200 g Roggenvollkornmehl
20 g Salz
350 ml Wasser (50 °C)

ZUBEREITUNG:

Alles miteinander mischen und mit einer Teigkarte gründlich durchkneten. In eine gefettete Kastenform geben, die Oberfläche gut anfeuchten und gut 2 Stunden im warmen Ofen (30–40 °C) gehen lassen. Sobald der Teig beginnt aufzugehen, aus dem Ofen nehmen, abgedeckt zur Seite stellen und den Backofen auf 220 °C vorheizen. Dann die Backform auf die zweitunterste Schiene stellen und das Brot 60 Minuten bei 220 °C Ober-/Unterhitze backen. Noch warm aus der Form nehmen und unter einem Tuch bedeckt auskühlen lassen.

Backferment

GRUNDANSATZ

ZUTATEN:
500 g Weizen oder Dinkel, mittelfein gemahlen
1 EL Backferment-Granulat
500 ml lauwarmes Wasser (20–30 °C)

Ansatz für ca. 700 g

10 Min. Vorbereitung
17–28 Std. Ruhen

einfach

ZUBEREITUNG:
Am Vortag 200 g Weizen/Dinkel mit dem Backferment und dem lauwarmem Wasser gut verrühren, sodass ein weicher Teig entsteht.
Das Ganze im Backofen bei eingeschaltetem Backofenlicht ca. 12–18 Stunden stehen lassen. Es muss eine deutliche Bläschenbildung zu erkennen sein.
Am nächsten Tag die restlichen 300 g Weizen/Dinkel sowie 300 ml lauwarmes Wasser zugeben und wiederum im Backofen ca. 5–10 Stunden stehen lassen. Das Volumen sollte sich dabei auf mindestens das Doppelte vergrößern.
Den fertigen Grundansatz in gut verschließbare Gefäße füllen und darauf achten, dass sie nur zu zwei Dritteln gefüllt sind, da sich der Teig noch ausdehnt. Im Kühlschrank kann der Grundansatz bis zu 6 Monate gelagert werden. Eine sich über die Zeit an der Oberfläche bildende dunkle Schicht ist normal und kann ohne Bedenken mitverwendet werden.

Tipp:

Für die Brotherstellung werden in der Regel 15–20 g des Ansatzes sowie 1 Teelöffel Backferment-Granulat verwendet.
Die Vorteige werden jeweils abends angesetzt und können am nächsten Tag weiterverarbeitet werden.

Dunkles Roggenbrot

BACKFERMENT

ZUTATEN:

VORTEIG:
1 TL Backferment-Granulat
30 g Grundansatz Backferment (siehe Seite 14)
180 ml warmes Wasser (20–30 °C)
180 g Roggenmehl Type 1150

HAUPTTEIG:
210 g Roggenmehl Type 997
210 g Roggenvollkornmehl
15 g Salz
330 ml warmes Wasser (20–30 °C)
2 EL Öl

VORBEREITUNG:

Vorteig:

Das Backferment-Granulat, den Grundansatz und das warme Wasser in einer Schüssel verrühren. Dann das Roggenmehl dazugeben und so lange unterrühren, bis keine Klumpen mehr vorhanden sind. Die Schüssel mit Klarsichtfolie und einem Tuch abdecken und an einem warmen Ort (z. B. im Backofen mit eingeschalteter Backofenlampe) 15–20 Stunden ruhen lassen. Der Vorteig sollte am nächsten Tag mit schaumigen Bläschen bedeckt sein. Wenn dies nicht der Fall ist, dem Vorteig weitere Ruhezeit geben.

ZUBEREITUNG:

Hauptteig:

Mehle mit dem Salz mischen. Warmes Wasser mit dem Öl verrühren und mit dem Vorteig zum Mehl geben.
5 Minuten mit der Rührmaschine zu einem weichen, geschmeidigen Teig kneten.
Den Teig mit einer Klarsichtfolie abdecken und 2 Stunden ruhen lassen, bis sich das Volumen verdoppelt hat.
Danach den Teig auf einer leicht bemehlten Arbeitsfläche mit einem Teigschaber vier- bis fünfmal zusammenfalten und zusammendrücken. Dann den Teig in eine gefettete Kastenform füllen. Die Oberfläche mit feuchten Händen glattstreichen. Die Kastenform mit einer Klarsichtfolie und einem Tuch abdecken und an einem warmen Ort ca. 4 Stunden gehen lassen, bis sich das Volumen verdoppelt hat.

Backen:

Den Backofen auf 250 °C Ober-/Unterhitze vorheizen. Die Teigoberfläche mit Mehl bestäuben und einmal längs einschneiden oder mit einer Gabel dicht nebeneinander einstechen. Die Kastenform auf der mittleren Schiene in den vorgeheizten Backofen schieben und für 10 Minuten anbacken. Die Hitze auf 200 °C reduzieren und das Brot 60 Minuten fertig backen. Aus der Form stürzen und auf einem Kuchengitter auskühlen lassen.

1 Kastenbrot à 1000 g

15–20 Std. Ruhen (Vorteig)
2 Std. Ruhen (Hauptteig)
4 Std. Gehen
70 Min. Backen

mittel

Helles Roggenmischbrot

BACKFERMENT

ZUTATEN:

VORTEIG:
1 TL Backferment-Granulat
30 g Grundansatz Backferment (siehe Seite 14)
180 ml warmes Wasser (30–35 °C)
180 g Roggenvollkornmehl

HAUPTTEIG:
300 g Weizenmehl Type 550
150 g Roggenmehl Type 997 oder 1150
12 g Salz
330 ml warmes Wasser (30–35 °C)
3 TL Öl
2 EL Gerstenmalz
3 TL Obst- oder Apfelessig

VORBEREITUNG:

Vorteig:

Das Backferment-Granulat und den Grundansatz mit warmem Wasser in einer Schüssel verrühren und das Roggenvollkornmehl unterrühren. Die Schüssel mit Klarsichtfolie und einem Tuch abdecken und an einem warmen Ort (z. B. im Backofen mit eingeschalteter Backofenlampe) 15–20 Stunden ruhen lassen. Der Vorteig sollte am nächsten Tag mit schaumigen Bläschen bedeckt. Wenn dies nicht der Fall ist, dem Vorteig weitere Ruhezeit geben.

ZUBEREITUNG:

Hauptteig:

Die Mehle mit dem Salz mischen. Das warme Wasser mit dem Öl, dem Gerstenmalz und dem Essig verrühren und mit dem Vorteig zum Mehl geben. 5 Minuten mit der Rührmaschine zu einem weichen, geschmeidigen Teig kneten.
Den Teig mit einer Klarsichtfolie abdecken und 2 Stunden an einem warmen Ort ruhen lassen, bis sich das Volumen verdoppelt hat.
Danach den Teig auf einer leicht bemehlten Arbeitsfläche nochmals kurz durchkneten, zu einem Stollen formen und mit dem Schluss nach unten in eine gefettete oder mit Backpapier ausgelegte Kastenform legen. Nochmals 2 Stunden abgedeckt an einem warmen Ort gehen lassen. bis sich das Volumen verdoppelt hat.

Backen:

Den Backofen auf 240 °C Ober-/Unterhitze vorheizen. Die Teigoberfläche mit Mehl bestäuben und der Länge nach einschneiden. Das Brot in der Kastenform auf der mittleren Schiene für 15 Minuten im vorgeheizten Backofen anbacken, danach die Temperatur auf 210 °C reduzieren und das Brot weitere 45 Minuten fertig backen.
Auf einem Kuchengitter auskühlen lassen.

1 Brotlaib à 1000 g

15–20 Std. Ruhen (Vorteig)
2 Std. Ruhen (Hauptteig)
2 Std. Gehen
60 Min. Backen

mittel

Vollkornmischbrot mit Saaten

BACKFERMENT

ZUTATEN:

VORTEIG:
1 TL Backferment-Granulat
30 g Grundansatz Backferment (siehe Seite 14)
240 ml warmes Wasser (30–35 °C)
120 g Roggenvollkornmehl
120 g Dinkelvollkornmehl

QUELLSTÜCK:
25 g Leinsamen/ Goldleinsamen
25 g Sonnenblumenkerne
25 g Sesam
100 ml warmes Wasser (30–35 °C)

HAUPTTEIG:
120 g Dinkelmehl Type 1050
120 g Dinkelvollkornmehl
120 g Roggenvollkornmehl
13 g Salz
80 ml warmes Wasser (30–35 °C)

VORBEREITUNG:

Vorteig:
Das Backferment-Granulat und den Grundansatz mit dem warmen Wasser in einer Schüssel verrühren. Dann die Vollkornmehle dazugeben und unterrühren, bis keine Klumpen mehr vorhanden sind. Die Schüssel mit Klarsichtfolie und einem Tuch abdecken und an einem warmen Ort (z. B. im Backofen mit eingeschalteter Backofenlampe) 15–20 Stunden ruhen lassen. Der Vorteig sollte am nächsten Tag mit schaumigen Bläschen bedeckt sein! Wenn dies nicht der Fall ist, dem Vorteig weitere Ruhezeit geben.

Quellstück:
Die Saaten mit dem warmen Wasser übergießen und ca. 4 Stunden quellen lassen.

ZUBEREITUNG:

Hauptteig:
Die Mehle mit dem Salz mischen. Vorteig, Quellstück und Wasser zum Mehl geben und alles 8–10 Minuten mit der Rührmaschine zu einem weichen, geschmeidigen Teig kneten. Den Teig mit einer Klarsichtfolie abdecken und 1–2 Stunden an einem warmen Ort ruhen lassen, bis sich das Volumen verdoppelt hat.
Danach den Teig auf einer leicht bemehlten Arbeitsfläche nochmals kurz durchkneten und zu einem Stollen formen. Die glatte Seite leicht mit Wasser bestreichen und den Laib in Sesam wälzen. Anschließend in eine gefettete oder mit Backpapier ausgelegte Kastenform legen. Nochmals 1–2 Stunden abgedeckt an einem warmen Ort gehen lassen, bis sich das Volumen verdoppelt hat.

Backen:

Den Backofen samt Backblech auf 250 °C Ober-/Unterhitze vorheizen.
Mit einer Fleischgabel die Oberfläche des Teiges dicht nebeneinander tief einstechen.
Das Brot in der Kastenform auf der mittleren Schiene in den vorgeheizten Backofen schieben und 15 Minuten anbacken. Danach die Hitze auf 190 °C reduzieren und das Brot 50–60 Minuten fertigbacken.
Auf einem Kuchengitter auskühlen lassen.

1 Brotlaib à 1000 g

15–20 Std. Ruhen (Vorteig)
4 Std. Quellstück
1–2 Std. Ruhen (Hauptteig)
1–2 Std. Gehen
60–70 Min. Backen

mittel

1 Brotlaib à 1000 g	15–20 Std. Ruhen (Vorteig) 4 Std. Quellstück 1–2 Std. Ruhen (Hauptteig) 1–2 Std. Gehen 60–70 Min. Backen	mittel

Vollkornmischbrot mit Sonnenblumenkernen

BACKFERMENT

ZUTATEN:

VORTEIG:
1 TL Backferment-Granulat
25 g Grundansatz Backferment (siehe Seite 14)
250 ml warmes Wasser (ca. 25 °C)
250 g Roggenvollkornmehl
Quellstück:
75 g Sonnenblumenkerne
75 ml Wasser

HAUPTTEIG:
350 g Weizenvollkornmehl
5 g Kümmel, gemahlen (nach Geschmack)
15 g Salz
50 ml warmes Wasser (ca. 25 °C)

VORBEREITUNG:

Vorteig:

Das Backferment-Granulat, den Grundansatz mit dem warmen Wasser und dem Vollkornmehl in einer Schüssel verrühren. Mit Klarsichtfolie und einem Tuch abgedeckt an einem warmen Ort 15–20 Stunden ruhen lassen. Der Vorteig sollte am nächsten Tag mit schaumigen Bläschen bedeckt sein! Ansonsten mehr Ruhezeit geben.

Quellstück:

Die Sonnenblumenkerne mit 75 ml warmen Wasser übergießen und ca. 4 Stunden quellen lassen.

ZUBEREITUNG:

Die Zutaten des Hauptteiges und den Vorteig 10 Minuten langsam kneten und anschließend an einem warmen Ort 1–2 Stunden ruhen lassen. Das Teigvolumen sollte sich ungefähr verdoppelt haben. Nochmals von Hand kurz durchkneten, zu einer Rolle formen und in einen mit Mehl ausgestäubten Gärkorb legen, und gehen lassen, bis das Volumen deutlich zugenommen hat.

Backen:

Den Backofen mit Backblech auf 230 °C Ober-/Unterhitze vorheizen.
Das heiße Backblech mit Backpapier belegen und das Brot aus dem Gärkorb vorsichtig darauf kippen.
Den Teig tief einschneiden, auf der mittleren Schiene in den vorgeheizten Backofen schieben und 15 Minuten backen.
Danach die Temperatur auf 200 °C reduzieren und in 45 Minuten fertigbacken.

>>>>>>>>>>> Honig-Salz-Verfahren

Ursprünglich gab Rudolf Steiner ein Triebmittel für Brote auf der Basis von Honig und Salz vor. Er sprach von dem „neuen Brot".

Steiners Vorgaben führten damals zur Entwicklung des sogenannten „Honig-Salz-Brotes", das nur aus Schrot, Wasser, Blütenhonig, Salz und etwas Pflanzenöl bestehen soll. Zur Herstellung wird ausschließlich die spontane Gärung eingesetzt, die eben jenes „Gegenwärtige aus dem Getreide" nutzt, was die Natur durch die Bedingungen der Saat, des Wachstums und der Ernte aus ihm hervorgebracht hat. Auch zum Tragen kommen natürlich die Nektarhefen, die von den Bienen von den Blüten in den Bienenstock mitgenommen werden.

Honig

Eigentlich saugen die Bienen mit ihrem langen Rüssel den nur wenig süßen Nektar der Pflanzen in ihren Honigmagen. Nach etwa 200 Blüten ist er voll und die Biene muss in den Stock zurückkehren. Dieser Magen dient aber nicht alleine zur Aufbewahrung und als Transportbehälter während des Sammelns und der Rückkehr zum Stock. Dort fermentiert der Nektar durch die Enzyme im Verdauungstrakt der Biene. Sobald die Biene im Bienenstock eingetroffen ist, würgt sie den Nektar wieder hervor und übergibt ihn an den Rüssel einer Arbeiterin. Aber auch die behält ihn nicht, sondern gibt den Nektar wieder an die nächste Arbeiterin weiter. Jedes Mal ändert sich die Zusammensetzung der übergebenen Flüssigkeit. Sie wird immer mehr mit Eiweißstoffen und Enzymen und mit weiteren Stoffen versetzt. So wandelt sich der Nektar jedes Mal weiter, bis schließlich ein sehr wässriger Honig daraus wird. Aber der Wassergehalt wird zunehmend geringer.

Diese Vorstufe des Honigs wird dann in offene Zellen im Bienenstock gefüllt. Luft fächelnde Arbeiterinnen sorgen dafür, dass noch weiteres Wasser verdunstet. Nach einer Zeit der Zuckerkonzentration wird der fast fertige Honig in Lagerzellen verbracht und wenn der Wassergehalt gering genug ist, wird die Zelle mit einem dünnen Wachsdeckel verschlossen. Die Waben mit diesen Lagerzellen werden im Herbst vom Imker geöffnet und geschleudert. Er gewinnt so den Honig, den er weiterverarbeitet oder verkauft. Die Bienen, die ja den Honig eigentlich für den Winter eingelagert haben, bekommen anstelle des Honigs vom Imker eine stark zuckerhaltige Lösung angeboten.

Aus dieser Vorgangsbeschreibung können wir erkennen, wie die wilden Nektarhefen nun von den Blüten in den Honig kommen: ganz einfach zusammen mit dem Nektar. Durch den zunehmend steigenden Zuckergehalt werden die Hefen aber deaktiviert und gehen in einen „Trockenschlaf" über. Aber warum? Nun, beim Salz und beim Zucker ist es so, dass ab einer bestimmten Konzentration den lebenden Zellen (in diesem Fall den Hefezellen) Flüssigkeit entzogen wird. Der Fachmann spricht davon, dass die Zellenhaut eine „semipermeable Membrane" (also: halbdurchlässig) ist. Flüssigkeiten haben den Drang, sich auszugleichen. Also zieht das Wasser von der Zelle (die ja Flüssigkeit enthält) in die Zucker- oder Salzlösung (die durch den hohen Gehalt an Zucker oder Salz sehr wenig Flüssigkeit enthält). Folge: die Zelle verliert so viel Wasser, dass sie nicht mehr aktiv werden kann. In aller Regel verliert die Zelle aber nicht ihr gesamtes Wasser, sodass sie absterben würde, sondern sie kann wieder aktiv werden, wenn ihr Flüssigkeitsgehalt wieder stimmt. Nicht anders funktioniert Trockenhefe: solange sie nicht genug Feuchtigkeit enthält, ist sie inaktiv. Bekommt sie Feuchtigkeit, startet sie durch.

So, und schon wieder sind wir abgeschweift und wollten doch eigentlich beim Honig-Salz-Brot bleiben. Okay, nun zu Rudolf Steiner, der Anthroposophie und dem „neuen Brot“.

Steiners Ansatz

Steiner war nicht nur kein Freund der Bäckerhefe, sondern lehnte sie rundum ab. Er machte die Bäckerhefe für viele menschliche Gebrechen und Befindlichkeiten, körperlich, wie auch geistig und seelisch, verantwortlich. Gemäß Steiner sollte sich stattdessen im Brot eine Polarität aus Honig und Salz bilden, welche vergleichbar sei mit der Polarität zwischen Blüte und Wurzel einer Pflanze. Sowohl Honig als auch Blüte repräsentieren das Wesen des Süßen, das sich verströmen möchte und die Tendenz zur Auflösung besitzt. Salz dagegen, wie auch die Wurzel, sei in sich kompakt, zentriert und repräsentiere den substantiell-festen Charakter der Materie und fördere im Menschen die Fähigkeit, seine Kräfte zu zentrieren. Aus dieser Polarität sollte ein Brot treiben. Das war das von Rudolf Steiner favorisierte Verfahren, das den Menschen besser täte, als die vorhandenen Triebmittel.

War das jetzt alles zum Honig-Salz-Brot? Nein, denn es gibt zwei unterschiedliche Möglichkeiten, nach dem Honig-Salz-Verfahren ein Brot zu backen: das dreistufige Verfahren und das einstufige. Beide haben ihre Vorteile. Das dreistufige Verfahren ist sicherer, führt aber zu einem stärkeren Säuregeschmack. Die einstufige Führung dauert kürzer und hat einen wunderbar milden Geschmack, kann aber, wenn man nicht aufpasst, umkippen und verderben.

So, das war jetzt wieder viel Theorie. Und wie geht das jetzt im Detail? Wir werden in den nächsten Abschnitten auf beide Teigführungen eingehen und natürlich auch Rezepte vorstellen.

Honig-Salz-Verfahren im Dreistufen-Verfahren

Die Dreistufen-Führung besteht genau genommen aus zwei Vorteig-Führungen und einem Hauptteig. Die Vorteige werden wie beim Backfermentbrot meist mit Schrot geführt. Dieses hat den Vorteil, dass durch die lange Ruhezeit das Wasser sehr gut aufgenommen wird. Es entspricht also einem Quellstück mit warmem Wasser.

Schauen wir uns also ein Grundrezept Honig-Salz im Dreistufen-Verfahren an.

Grundrezept

Zutaten erster Ansatz:
½ TL Honig
½ TL Salz
250 ml Wasser (40 °C)
250 g Dinkel- oder Weizenschrot (fein)

ZUBEREITUNG:
Honig und Salz werden im Wasser aufgelöst und zum Schrot gegeben. Gut durchmischen

und mit einem feuchten Tuch abgedeckt 12 Stunden warm stehen lassen. Dafür eignet sich beispielsweise der ausgeschaltete Backofen nur mit eingeschaltetem Licht oder einer heißen Wärmflasche. Nach der Ruhezeit sollten sich kleine Bläschen auf der Oberfläche zeigen. Wenn nicht, noch bei etwas höherer Temperatur etwas stehen lassen.

Zutaten zweiter Ansatz:
½ TL Honig
½ TL Salz
250 ml Wasser (40 °C)
250 g Dinkel- oder Weizenschrot (fein)

ZUBEREITUNG:
Honig und Salz werden im Wasser aufgelöst und mit dem Schrot zum ersten Ansatz gegeben. Gut durchmischen und mit einem feuchten Tuch bedeckt über 12 Stunden warm stehen lassen. Auch hier kann man den ausgeschalteten Ofen nur mit eingeschaltetem Licht oder einer heißen Wärmflasche verwenden. Der Teig sollte deutlich aufgegangen sein. Wenn nicht, bei etwas höherer Temperatur noch etwas stehen lassen. Einen Römertopf (Ober- und Unterteil) gut wässern, Sie benötigen ihn zum Backen des Brotes.

Tipp:

Wenn kein Römertopf vorhanden ist, kann man das Brot auch in einer gut schließenden Bratenkasserolle backen. Dann entfällt natürlich das Wässern.

Zutaten Hauptteig:
½ TL Salz
200 ml Wasser (40 °C)
250 g Dinkel- oder Weizenvollkornmehl (fein)

ZUBEREITUNG:
Das Salz in wenig Wasser auflösen und mit dem Mehl und dem Ansatz vermischen. So viel Wasser dazugeben, dass ein sehr weicher Teig entsteht. Der Teig ist nicht frei knetbar. Dazu ist er viel zu weich.

Den Römertopf aus dem Wasser nehmen und innen gut einfetten. Den Teig einfüllen (bis maximal 2 cm unter den Rand) und in der geschlossenen Form weitere 5–6 Stunden gehen lassen. Danach sollte das Brot deutlich aufgegangen sein.

Anschließend den Römertopf in den kalten Ofen auf die unterste Schiene stellen und bei 160 °C Ober-/Unterhitze etwa 3 Stunden backen. Danach den Deckel abnehmen und offen weitere 30 Minuten backen.

In der offenen Form für rund 30 Minuten auskühlen lassen und anschließend aus der Form stürzen.

Honig-Salz-Verfahren im Einstufen-Verfahren

Die Einstufen-Führung läuft beim Honig-Salz-Brot etwas anders ab, als wir es vom Backferment-Verfahren oder vom Backen mit Hefe kennen. Auch die Zeit des Vorteiges aus der Dreistufen-Führung des Honig-Salz-Brotes muss hier in der Einstufen-Führung untergebracht werden. Schauen wir uns also einmal das Grundrezept an:

Grundrezept

Zutaten Hauptteig:
20 g Salz
30 g Honig
700 ml Wasser (40 °C)
500 g Weizen- oder Dinkelschrot (mittelfein)
500 g Weizen- oder Dinkelvollkornmehl (fein)
20 ml Rapsöl (oder anderes geschmacksneutrales Öl, Sonnenblumenöl etc.)

ZUBEREITUNG:
Salz und Honig im Wasser auflösen. Schrot, Mehl und Salz-Honig-Wasser mischen und langsam mit der Hand kneten. Nach etwa 10 Minuten das Öl dazugeben und weitere 20 Minuten mit der Hand kneten. Wenn mit der Maschine geknetet wird, dann 30 Minuten auf der allerlangsamsten Stufe. In den ursprünglichen Rezepten ist die Rede von 60 Minuten Knetzeit. Ich denke, dass bei aller mentalen Übung dieses rein körperlich eine enorm hohe Belastung darstellt. Beim maschinellen Kneten über 60 Minuten dürfte auch beim langsamsten Kneten ein Überkneten des Teiges eintreten. Damit wäre das Glutengerüst des Teiges wieder zerstört. Meine eigenen Versuche beim Kneten mit der Hand haben keinen Unterschied zwischen 30 und 60 Minuten erbracht, außer, dass es bei 30 Minuten sehr langsamem Kneten kein Überkneten gab. Aus diesem Grund gebe ich eine Knetempfehlung von 30 Minuten maschinell auf langsamster Stufe bzw. Handknetung.

Es folgt eine Ruhephase von 30 Minuten, damit sich der Teig entspannen kann. Anschließend wird der Teig in die gewünschten Portionen von je etwa 800 bis 1000 g aufgeteilt, längs gewirkt und in gefettete Kastenformen gegeben. Die Oberfläche der Teigstücke gut anfeuchten und die Formen mit einem nassen Tuch abdecken. Es folgt eine Gärzeit von 15–18 Stunden bei 60 °C. Diese Temperatur wird man im Backofen nur erreichen, indem man ihn auf die niedrigste mögliche Temperatur einstellt. Ggf. muss man die Backofentür mit einem Kochlöffel ein wenig offen halten. Die Temperatur sollte man idealerweise bei den ersten Versuchen mit einem Thermometer überwachen.

Anschließend wird der Ofen (ruhig mit dem Brot drin) auf 180 °C (Ober-/Unterhitze) aufgeheizt und das Brot etwa 3 Stunden gebacken. Wegen der gewollten Teigkompaktheit wird eine solch lange Backzeit benötigt. Dadurch bildet sich aber nicht nur eine schön dunkelbraune Kruste. Auch die Krume wird durch das langsame Karamellisieren dunkler und ein klein wenig süß, passt aber trotzdem sehr gut zu herzhaften Belägen.

Es bildet sich beim Herstellen dieses Brotes nur eine sehr geringe, aber angenehme Säure, die auch dafür sorgt, dass das Brot sieben oder mehr Tage hält, wenn es in einem Brottopf liegt. Ich selbst verwende einen alten Sauerkrauttopf zur Aufbewahrung. Ich muss ihn immer peinlich sauber halten, immer alle Krümel entfernen und alle paar Tage mit einer Essiglösung ausreiben. So schmeckt auch Brot, das eine Woche alt ist.

Was mir dazu noch einfällt, ist ein Spruch, den ich irgendwo mal aufgeschnappt habe: Altes Brot ist nicht hart – kein Brot, das ist hart!

Für 1 Brot à ca. 1300 g

20–24 Std. Gären
3,5–4 Std. Backen

mittel

Dreistufiges Weizen-Roggenschrotbrot

HONIG-SALZ

ZUTATEN:

1. ANSATZ:
1 TL Honig
7,5 g Salz
250 ml warmes Wasser (26–28 °C)
250 g Roggenschrot

2. ANSATZ:
1 TL Honig
7,5 g Salz
250 ml Wasser (26–28 °C)
250 g Weizenschrot

3. ANSATZ:
250 g Weizenvollkornmehl
Brotgewürz

ZUBEREITUNG:

1. Ansatz:

Honig und Salz im warmen Wasser auflösen, mit Roggenschrot verrühren und abgedeckt im Backofen bei eingeschalteter Ofenlampe 12–16 Stunden gären lassen.

2. Ansatz:

Honig und Salz im Liter warmen Wasser auflösen, 250 g Weizenschrot zugeben und mit dem Roggenschrotansatz vermischen. Weitere 2–4 Stunden abgedeckt im Backofen bei eingeschalteter Ofenlampe gären lassen. Römertopf 20–30 Minuten wässern, abtrocknen und den unteren Teil gut mit Butter einfetten.

3. Ansatz:

Weizenvollkornmehl mit dem Brotgewürz mischen, mit dem Gäransatz zu einem festen Teig kneten. Den Teig länglich formen, in den vorbereiteten Römertopf legen und mit einem scharfen Messer der Länge nach einschneiden. Mit Deckel weitere 2–4 Stunden im Backofen bei eingeschalteter Ofenlampe gehen lassen.

Backen:

Den Römertopf in den kalten Backofen stellen. Bei 150 °C Ober-/Unterhitze das Brot 3 Stunden bei geschlossenem Deckel backen. Anschließend den Deckel abnehmen und das Brot weitere 30 Minuten fertigbacken, 1 Stunde auskühlen lassen und dann das Brot aus der Form stürzen.
Alternativ den Teig in eine mit Backpapier ausgelegte Kastenform geben und auf der mittleren Schiene in den vorgeheizten Ofen schieben und bei 150 °C Ober-/Unterhitze ca. 3 Stunden backen, aus der Form nehmen und auskühlen lassen.

Dreistufiges Dinkelvollkornbrot

HONIG-SALZ

ZUTATEN:

1. ANSATZ
1 TL Honig
5 g Salz
250 ml warmes Wasser (26–28 °C)
250 g Dinkel, fein gemahlen

2. ANSATZ
1 TL Honig
5 g Salz
250 ml warmes Wasser (26–28 °C)
250 g Dinkel fein gemahlen

3. ANSATZ
5 g Salz
200 ml warmes Wasser (26–28 °C)
250 g Dinkel, fein gemahlen

ZUBEREITUNG:

1. Ansatz:

Honig und Salz im warmen Wasser auflösen, mit dem Dinkelmehl verrühren und 12 Stunden abgedeckt gären lassen.

2. Ansatz:

Honig und Salz im warmen Wasser auflösen, das Dinkelmehl zugeben und mit dem 1. Ansatz vermischen. Weitere 2–4 Stunden abgedeckt gären lassen.
Den Römertopf wässern, abtrocknen und den unteren Teil gut mit Butter einfetten.

3. Ansatz:

Salz im warmen Wasser auflösen und mit dem Dinkelmehl zum 2. Ansatz geben.
Den Teig in den Römertopf füllen und glattstreichen.
Mit einem scharfen Messer einschneiden.
Den Teig gehen lassen, bis er sein Volumen um etwa ein Drittel vergrößert hat, sodass er den Römertopf fast ausfüllt.

Backen:

Den Römertopf auf die unterste Schiene in den kalten Backofen schieben. Temperatur auf 150 °C Ober-/Unterhitze stellen und das Brot 3 Stunden bei geschlossenem Deckel backen. Anschließend den Deckel abnehmen und das Brot weitere 30 Minuten fertigbacken. Den Römertopf ohne Deckel 1 Stunde auskühlen lassen und dann das Brot aus der Form stürzen.

Für 1 Brot à ca. 1600 g	16–20 Std. Gären 3,5 Std. Backen	mittel

Für 1 Brot à ca. 850 g

15 Min. Zubereitung
20–24 Std. Gären
3 Std. Backen

mittel

Einstufiges Dinkelvollkornbrot

HONIG-SALZ

ZUTATEN:
500 g Dinkelvollkornmehl
25 g Blütenhonig
12 g Salz
350 g Wasser (ca. 26–28 °C)

ZUBEREITUNG:
Alle Zutaten 15 Minuten auf niedrigster Stufe verkneten. Den Teig in eine mit Backpapier ausgelegte oder gefettete Kastenform füllen. 20–24 Stunden bei 26–28 °C abgedeckt im Backofen bei eingeschalteter Ofenlampe gehen lassen.
Das Teigvolumen sollte sich mindestens verdoppeln. Den Backofen auf 150 °C vorheizen.

Backen:
Das Brot auf der untersten Schiene in den vorgeheizten Backofen schieben und 3 Stunden mit Alufolie abgedeckt backen. Aus der Form nehmen und auf einem Kuchengitter auskühlen lassen.

Einstufiges Weizen-Roggenschrotbrot

HONIG-SALZ

ZUTATEN:

400 ml warmes Wasser (ca. 26–28 °C)
12 g Salz
15 g Honig
300 g Roggenschrot
300 g Weizenschrot
100 g Quark
1 TL Brotgewürz

ZUBEREITUNG:

Wasser mit Salz und Honig gut verrühren, dann die restlichen Zutaten dazugeben und 5 Minuten kneten. Es entsteht ein weicher Teig. Den Teig in eine mit Backpapier ausgelegte oder gefettete Kastenform füllen und 20–24 Stunden im Backofen bei eingeschalteter Ofenlampe gehen lassen.

Backen:

Das Brot bei 150 °C Ober-/Unterhitze 3 Stunden backen. Aus der Form nehmen und auf einem Kuchengitter auskühlen lassen.
Alternativ bäckt man das Brot im Römertopf zugedeckt bei 140–160 °C 3 Stunden mit geschlossenem Deckel und 1 Stunde mit geöffnetem Deckel.

Für 1 Brot à ca. 1300 g

20–24 Std. Gären
3 Std. Backen

einfach

Chemische Triebmittel

>>>>>>>>>>> Allgemeines und Geschichte der chemischen Triebmittel

Allgemeines

Liebe Leserin, lieber Leser, ich muss zugeben, so ganz wohl ist mir bei diesem Kapitel nicht. Denn ich fürchte, dass Sie nur mit einem leichten Grausen weiterlesen werden und sich gleich denken „Ne, mit diesen chemischen Dingen möchte ich doch nichts zu tun haben." Sie backen ja nicht selbst, um in Ihre Backwaren gleich wieder einen Haufen Chemikalien zu stecken.

Aber, keine Sorge, darum geht es nicht. Wir geben in unser Gebäck keine Chemikalien, um ihm Eigenschaften zu verleihen, die wir auf natürlichem Wege nicht erreichen würden. Wir verwenden den chemischen Weg nur, um unser Gebäck aufgehen zu lassen.

Daher heißt der Begriff (und das finde ich wichtig) „chemische Triebmittel". Er bezeichnet also „nur" ein Triebverfahren, bei dem die wichtige Teiglockerung nicht auf biologischem (Hefe, Sauerteig) oder technisch-physikalischem Weg (Blätterteig, Luft einschlagen) erzielt wird, sondern indem mehrere Substanzen chemisch miteinander reagieren. Und somit auf chemischen Weg Gas produzieren, das wir als Bläschen im Gebäck haben wollen. Das ist also gar nichts Schlimmes, denn auch in unserem Körper, in allen Pflanzen und Tieren, finden chemische Reaktionen statt. Diesen Bereich der Biologie nennt man „Biochemie".

Richtig ist, dass chemische Triebmittel in geringem Umfang auch Änderungen im Gebäck bewirken. Dies ist beispielsweise eine längere Haltbarkeit (bei Hirschhornsalz) oder eine feine Krume (bei Soda und Backpulver).

Gehen wir also offen zum Thema „chemische Triebmittel" über und ärgern wir uns nicht zu sehr über den Begriff „chemisch".

Geschichte

Sehr interessant ist die Geschichte der chemischen Triebmittel. Gab es am Anfang der Backgeschichte neben den ungegangenen Gebäcken (echten Fladenbroten, die teilweise durch Wasserdampf gelockert sind, und harten Gebäcken) vor allem Sauerteig und Bäckerhefe, um Gebäck aufgehen lassen zu können, so fand und entwickelte man ab Beginn des 19. Jahrhunderts eine völlig neue Art, um Gebäck zu lockern

Ein großer Nachteil der Sauerteige und Hefen war, dass beide Arten der Gärung einen Teil des Mehles, also des kostbaren und teuren Getreides, zersetzten. Die Mikroorganismen (die Pilze und beim Sauerteig auch ein Teil der säureproduzierenden Bakterien) benötigen Nahrung, die sie dem Teig (und dort dem Mehl) entnehmen. Sie leben ja. Deshalb kann es dazu kommen, dass der Teig bei zu langen Gärzeiten so stark abgebaut wird, dass er nicht mehr in der Lage ist, die Gasbläschen der Gärung selbst zu halten. Er fällt wieder zusammen.

Im Extremfall kann der Teig sogar so weit abgebaut werden, dass im Teig die Glutenbrücken und im Roggenteig die Schleimstoffverbindungen, die letztlich die

Krume im Gebäck ausmachen, mehr oder weniger ganz zerstört werden. Man erkennt es daran, dass der Teig plötzlich sehr weich wird und schnell reißt. Wenn man den Teig zu lange gehen lässt, wird er nicht größer, sondern verläuft nur flach. Die Zerstörung des Teiges kann nicht mehr rückgängig gemacht werden. Der Zerstörungsprozess kann höchstens durch umgehendes Backen gestoppt werden. Meist ist aber jede Liebesmüh vergebens. Zur Vorsorge kann man den Prozess ein wenig verzögern, indem man eben nur sehr wenig Gärmittel (Hefe oder Sauerteig) einsetzt oder indem man die Gärung durch Kälte stark verzögert (siehe „Gutes Brot braucht Zeit“, Seite 173).

Um die beiden Nachteile der biologischen Triebmittel zu vermeiden – den Ressourcenverbrauch und das Risiko der Zerstörung des Teiges – benötigte man eine andere Art der Gärung. Eine Art, die nicht lebt und kein Mehl als Nahrung verbraucht.

Der Chemiker Justus von Liebig entdeckte im 18. Jahrhundert, dass auch möglicherweise durch chemische Reaktionen ein solches Gas für den Trieb produziert werden könnte. War er am Anfang noch der Meinung, dass es sich um ein gänzlich anderes Gas als bei der bereits bekannten „biologischen Gärung“ handelt, so wissen wir heute, dass es sich um genau das gleiche Gas handelt: Kohlenstoffdioxid, auch verkürzt „Kohlendioxid“ genannt. Die Chemiker bezeichnen es mit der chemischen Formel CO_2.

Die Anfänge

Kohlendioxid war zu dieser Zeit aber kein neuer Unbekannter, sondern schon eine ganze Weile bekannt. Kohlendioxid war sogar eines der ersten Gase, das einen eigenen Namen bekam. Und das kam so:

Zwei Jahrhunderte vorher (also um das Jahr 1600) versuchte bereits der flämische Chemiker und Pestilenz-Arzt Johan Baptista van Helmont zu erklären, warum Holzkohle beim Verbrennen Masse verlor. Die Masse der verbleibenden Asche war nämlich erheblich geringer als die Masse der eingesetzten Holzkohle. Und zwar sowohl vom Volumen als auch vom Gewicht her. Der Interpretationsversuch war, dass sich der Rest der Holzkohle in eine unsichtbare und flüchtige Substanz (also ein Gas) verwandelt hatte, die van Helmont als „spiritus sylvestre“ (also: „Waldgeist“) bezeichnete. Es sei ein „wilder Geist“, der von erhitztem Holz und Kohle ausströme. In seinem ersten Buch „Ursprünge der Medizin“ (1609) erwähnte er es erstmals als „Kohlengas“ (wegen der Holzkohle). Van Helmont ist damit die Entdeckung der Kohlegase in der Frühzeit der modernen Chemie zu verdanken.

Die Eigenschaften von Kohlenstoffdioxid wurden dann durch den schottischen Arzt Joseph Black gründlicher studiert. Er fand im Jahr 1754 heraus, dass, wenn man in Kreidewasser Säure gibt, ein Gas freigesetzt wird, das er „fixed air“ („gefestigte Luft“) nannte. Er erkannte, dass dieses Gas schwerer als Luft war und Verbrennungsvorgänge nicht unterstützte, sondern löschen konnte. Beim Einleiten dieses Gases in Wasser, in dem er gebrannten und gelöschten Kalk („Calciumhydroxid“) aufgelöst hatte, konnte er einen weißen Niederschlag erzeugen: Es setzte sich eine weiße Substanz als Bodensatz ab. Heute wird dieses Verfahren genau andersherum eingesetzt, nämlich um festzustellen, ob in einem Gas CO_2 enthalten ist. Der Chemiker nennt es die „Kalkwasserprobe“.

Mit weiteren Versuchen zeigte Black, dass Kohlenstoffdioxid im Atem von Säugetieren vorkommt und demnach auch durch mikrobiologische Fermentation freigesetzt wird. Seine Arbeiten bewiesen, dass Gase bei biochemischen Reaktionen beteiligt sein können, und trugen zum endgültigen Fall der sogenannten „Phlogistontheorie“ bei. Die Phlogistontheorie war ein misslungener Versuch, durch eine Art „Verbrennungssubstanz“, die in erhitzte Stoffe eindringt und beim Verbrennen wieder austritt, damals unverstandene Phänomene zu erklären. Erst sehr viel später wurde die Rolle des Sauerstoffs bei Verbrennungsvorgängen erkannt und dann auch die Verbrennung genauer beschrieben und verstanden.

Aber so ganz völlig daneben war der Ansatz der Phlogistontheorie nicht. Die Zusammenhänge sind nur komplexer, als damals angenommen wurde. CO_2 wird nämlich von Pflanzen unter Hilfe des Sonnenlichts aus der Luft in Sauerstoff und Biomasse (Holz, Stärke, Zucker etc.) umgebaut (Photosynthese). Wird diese Biomasse wieder unter Zugabe von Sauerstoff verbrannt, entsteht erneut das ursprünglich eingelagerte CO_2. Also: diese „Verbrennungssubstanz“ dringt nicht in erhitzte Stoffe ein, sondern sie ist ein Bestandteil dieser Stoffe: das CO_2.

Joseph Priestley gelang bereits 1772 die erste Herstellung von echtem „Sodawasser“, indem er Schwefelsäure in eine kalkhaltige Lösung leitete und das dabei entstandene Kohlendioxid in einen mit Wasser gefüllten Becher leitete und dort „Sprudelwasser“ entstand. Es dauerte aber weitere 50 Jahre, bis Humphry Davy und Michael Faraday 1823 Kohlenstoffdioxid durch Druck flüssig werden ließen. Die erste Beschreibung von festem Kohlenstoffdioxid stammt dann von Charles Thilorier, der 1834 einen unter Druck stehenden Behälter mit flüssigem Kohlenstoffdioxid öffnete und feststellte, dass die spontane Verdampfung zu einem enormen Abkühlen führt. Sogar so stark, dass das restliche CO_2 zu CO_2-Eis gefriert.

Kreide und Salzsäure sind aber nicht wirklich gut für die Verwendung in Nahrungsmitteln geeignet. Sicher kann man mit diesen Zutaten gut Kohlenstoffdioxid herstellen, das in Getränke geleitet werden kann. Aber für Gebäck, in dem durch Reaktion von unbedenklichen Zutaten eine Teiglockerung durch Gas entstehen soll, ist es natürlich ungeeignet. Wir brauchen also etwas, das weder gesundheitlich bedenklich ist, noch geschmacklich negativ hervortritt.

19. Jahrhundert

Und jetzt, liebe Leserin und lieber Leser, sind wir wieder bei Justus Liebig und seiner Entdeckung im Jahr 1833 angelangt. Er fand heraus, dass Natron unter Beigabe von Weinstein-Kaliumbitartrat (Weinstein sind die Kristalle, die in Weinflaschen und Weinfässern am Boden allmählich wachsen) ähnlich wie Hefe durch Bildung von Kohlendioxid den Teig auflockerte, ohne aber dabei Mehl zu zersetzen. Er konnte damit ein Problem der Hefepilze lösen: Hefe verbraucht bei ihrer „Arbeit“ selbst eine Menge Stärke (hier: Mehl), was in den Zeiten der allgemeinen Unterversorgung mit Lebensmitteln ein Problem darstellte. Zusätzlich gibt es noch einen weiteren Vorteil: Die Substanzen sind beide trocken (Pulver) und reagieren nicht von alleine miteinander, sondern benötigten dazu auch Feuchtigkeit und vor allem Hitze. Und trotz dieser chemischen Grundstoffe blieb das Gebäck genießbar und schmeckt gut.

Heureka: Ein erstes ideales rein chemisches Triebmittel ist gefunden! Es war die Geburtsstunde des Backpulvers: Man mische Natron und Weinstein mit Mehl und den anderen Zutaten zusammen und kann daraus ein lockeres Gebäck herstellen.

Backpulver gebrauchsfertig machen

Aber als Backpulver war es noch nicht gebrauchsfertig. Seine Herstellung und Gebrauch waren einfach zu umständlich. Und es war noch nicht ganz klar, in welchem Verhältnis die Zutaten (also das Natron mit der Säurequelle) am besten miteinander reagieren. Und: man hatte zwar das grundsätzliche System jetzt geklärt, gab es aber nicht vielleicht bessere, alternative Stoffe, die noch stärker miteinander reagieren? Die vielleicht günstiger sind? Kann man das System noch weiter verfeinern? Das Ganze als fertige Mischung anbieten? Und es besser aufbewahren?

Man konnte. Man fand alternative Stoffe. Auf diese werde ich im Einzelnen nicht eingehen, da wir dann eine Chemie-Vorlesung beginnen müssten. Wichtig ist nur, dass wir es immer mit einer CO_2-Quelle (zum Produzieren des CO_2-Gases) zu tun haben und meist mit einem Säuerungsmittel (zum Start und als Reaktionsmittel der CO_2-Entstehung). Zur Sicherheit wird oftmals noch ein Trennungsmittel zugegeben, damit die CO_2-Quelle noch nicht mit der Säure reagiert, wenn unbeabsichtigt geringe Mengen Feuchtigkeit dazukommen.

Die CO_2-Quelle kann nun Natriumhydrogencarbonat (also Natron) oder Kaliumhydrogencarbonat (ein anderes Salz der Kohlensäure) sein. Auch die Bezeichnungen und Markennamen sind oft unterschiedlich, bezeichnen aber dasselbe: Natron, Kaiser-Natron, Speisenatron, doppeltkohlensaures Natron, Natriumbicarbonat, Backsoda, Bullrich Salz oder, als E-Bezeichnung, E 500ii. Alles dasselbe.

Ebenso verhält es sich mit der Säure. Da gibt es ebenfalls viele unterschiedliche Arten und Namen. Phosphat ist ein beliebtes Säuerungsmittel, mit so unaussprechlichen Namen wie Dinatriumdihydrogendiphosphat oder Monocalciumorthophosphat. Vereinzelt kommen auch aluminiumhaltige Säuren zum Einsatz und diese sind gesundheitlich nicht unbedenklich. Sie zu vermeiden ist also oft gefordert. Backtechnisch haben die aluminiumhaltigen Säuren einen enormen Vorteil, der aber wegen seiner weiteren Wirkungen vom Verbraucher oft abgelehnt wird. Aber auch Adipinsäure, Calcium- und Kaliumsalz, vereinzelt Essigsaure, Zitronensäure, L(+)-Weinsäure, bzw. Weinstein sind gängige Säuren. Oha, höre ich Sie jetzt sagen? Hat Weinstein nicht ein besonderes Kapitel hier im Buch? Ja, und das ist richtig so. Da kommen wir später drauf. Fassen wir aber zusammen: Es sind alles Mittel, die „sauer sind" und den Säuren zugeordnet.

Bleiben zur Erklärung noch die Trennmittel übrig. Normalerweise treiben chemische Triebmittel erst, wenn CO_2-Quellen und Säuerungsmittel in Kontakt mit Feuchtigkeit und Hitze kommen. Normalerweise. Es ist aber nie ausgeschlossen, dass die Mischung schon vorher Feuchtigkeit (etwa durch Diffusion von Luftfeuchtigkeit) aufnimmt. Aus diesem Grund wird dem fertigen chemischen Treibmittel ein Trennmittel zugesetzt. Es hat lediglich die Aufgabe, Feuchtigkeit aufzunehmen. Meist wird Stärke (Maisstärke, Reisstärke oder andere) genommen, da diese hygroskopisch (feuchtigkeitsbindend) ist. Dazu kommt, dass durch das Trennmittel die Produktmenge erhöht wird. Und größeres Volumen bedeutet einerseits eine bessere Vermischung und andererseits eine bessere Dosierbarkeit.

Und was hat das alles mit der Geschichte zu tun? Nun, eine ganze Menge. Denn im Zuge der „Chemischen Revolution" im 19. und der ersten Hälfte des 20. Jahrhunderts wurde sehr viel auf dem Gebiet der Chemie geforscht und die Ergebnisse industriell und kommerziell genutzt. In den Bereichen Düngemittel, Sprengstoffe, Fasern, Farben und eben auch im Bereich der Ernährung gab es viele Fortschritte. Es wurden verwandte und bessere Alternativen gefunden und eingeführt.

Und so wurde aus dem „ersten" Backpulver eine große Familie von (nicht nur chemischen) Triebmitteln.

In Ostpreußen herrschte in den Jahren 1865–1869 eine große Hungersnot. Deshalb forschte Liebig weiter über Backpulver und Brotbacken im Allgemeinen.

Die ersten Backpulvertütchen

Der große Durchbruch des Backpulvers in Deutschland kam dann mit August Oetker, der 1891 die Aschoff'sche Apotheke in Bielefeld erwarb und dort Backpulver in kleinen Portionen für den privaten Haushalt verpackte und vertrieb. Aber in einem Bereich setzte sich Backpulver nicht durch: beim Brot. Lag es am Geschmack? Lag es daran, dass die Krume durch Backpulver eher krümelig und nicht so bindig war? Wir wissen es nicht. Auch die handwerklichen Brotbäckereien nahmen Oetker sein Backpulver nicht ab. Anders die Konditoren und Feinbäcker, die noch bis vor wenigen Jahrzehnten getrennt von den Brotbäckern ihr Handwerk ausübten. Sie nahmen das Backpulver gerne und kreierten völlig neue Backwaren, die es vor der Entdeckung der chemischen Triebmittel nicht gab.

Oetker bewarb sehr stark die Verwendung von Backpulver zum privaten Kuchenbacken in den Haushalten. Ab 1893 füllte er sein Backpulver unter dem Markennamen „Backin" ab. Fünf Jahre später ging er von der Manufaktur zur industriellen Massenproduktion über. 1903 wurde Backin durch Oetker patentiert. Bis auf kleinste Änderungen sind Herstellungsverfahren und Inhaltsstoffe von Backin bis zum heutige Tag gleich geblieben.

Mit Bio kamen die Missverständnisse und Änderungen

Mit der Biobewegung kam Bewegung in die Backpulververwendung. Die einzelnen Bestandteile wurden aus gesundheitlicher Sicht in Frage gestellt. Man suchte nach Alternativen aus dem Lebensmittel- und Biobereich. Etwas, was nicht so viel Chemie enthielt. Man erschrak über die langen, unaussprechlichen Eigennamen von chemischen Zutaten. Die Chemie ist nicht ganz unschuldig dran, da sie, ordentlich wie sie ist, keine verständlichen „volkstümliche" Namen verwendet, sondern chemisch korrekte Bezeichnungen. Bis hin zu den E-Nummern, die ja nicht grundsätzlich schlechte Dinge bezeichnen, sondern einheitliche und kurze Bezeichnungen der langen chemischen Definitionsnamen sind. Leider hat der Kunde es oft missverstanden und vertritt den Standpunkt „alle Sachen mit E-Nummer sind schlecht". Eine Annahme, die aufgrund fehlender Information falsch ist.

Backpulver

Backpulverteig

Die umfangreiche und hoch interessante Geschichte von Backpulver und Oetker kennen wir bereits, sie steht im Kapitel „Geschichte der chemischen Backtriebmittel“. Dort haben wir auch schon verschiedene Details zu den Inhaltsstoffen erfahren. Fassen wir hier also nochmals zusammen:

Es gibt eine CO_2-Quelle, dazu eine Säuerungsquelle, mit der die CO_2-Quelle zusammen reagiert. Und damit die Reaktion der beiden Stoffe nicht unkontrolliert vor dem eigentlichen Backprozess, bei dem wir das CO_2 brauchen, auftritt, benötigt man ein Trennmittel.

Natron im Backpulver

Schauen wir uns die unterschiedlichen Bestandteile des Backpulvers einmal genauer an. Die CO_2-Quelle ist in aller Regel „Natriumhydrogencarbonat“ (der Trivialname ist „Natron“). Chemisch bezeichnet man es $NaHCO_3$. Es ist ein Salz, genauer ein Natriumsalz, der Kohlensäure. Man darf es nicht verwechseln mit Natriumcarbonat (auch als „Soda“ bekannt). Neben „Natron“ gibt es auch die Namen „Doppeltkohlensaures Natron“ und Natriumbicarbonat (auch kurz NaBi). Als Handelsbezeichnung kennt man es oft auch als Speisesoda, Backsoda, Backnatron, Speisenatron, Bullrich Salz und als Lebensmittelzusatzstoff unter der E-Nummer E 500ii.

Natron hat die Eigenschaft, dass es Säuren zersetzt und dabei das Gas Kohlenstoffdioxid freisetzt. Jetzt könnte man sagen: „Säuren zersetzt? Das ist ja klasse! Ich habe immer so ein Sodbrennen und saures Aufstoßen.“ Und es gibt wirklich eine Menge Menschen, die dagegen Natron zu sich nehmen. Leider klappt es nicht so gut, da Natron sich bereits auf dem Weg zum Magen und spätestens im Magen zersetzt. Dabei wird CO_2 in nicht unbeträchtlicher Menge freigesetzt. Das führt nicht nur zu aufgeblähten Bäuchen mit weiterem heftigem Aufstoßen mit Magensäure, sondern langfristig zu erheblichen Problemen (Nieren- und Gallensteinen). Also: Natron gegen Sodbrennen hat man früher empfohlen. Kurzfristig hilft es auch zweifelsohne, aber heute wird Natron nicht mehr gegen diese Symptome eingesetzt, man warnt sogar davor. Es gibt bessere Mittel.

Natron ist ein weißes, kristallines Pulver, das in Wasser löslich ist. Es zersetzt sich bei Temperaturen ab 50 °C zu Wasser, Kohlenstoffdioxid und zu Natriumcarbonat (also dem oben genannten „Soda“, das man nicht mit „Natron“ verwechseln sollte). Natron kommt in natürlicher Form vor und kann auch als solches im Bergbau abgebaut werden. Schon die Ägypter gewannen es so. Aber natürliches Natron ist nicht sehr ergiebig und auch nicht ausreichend rein. Also wird es heute hauptsächlich chemisch hergestellt. Das ist aber kein Nachteil, weil so eine sehr hohe Reinheit möglich ist.

Wozu wird Natron eigentlich außer für Backpulver verwendet? Sie werden erstaunt sein, dass das Anwendungsgebiet außerordentlich breit ist. In der Medizin wird es in unterschiedlichen Bereichen eingesetzt: In Zahnpasta, gegen Vergiftungen, zur Darmreinigung vor Darmspiegelungen, zum schnellen Trocknen von toten Körpern (es wurde in Ägypten zum Mumifizieren verwendet). In der Landwirtschaft und im Haus bzw. Garten kommt es als Mittel gegen Mehltau, Ameisen, Kakerlaken, Schnecken, Blatt- und Schildläuse zum Einsatz, in der Luft- und Raumfahrttechnik und in Feuerlöschern zur Feuerbekämpfung (als CO_2-Löscher). Und natürlich (das größte Verwendungsgebiet) im Haushalt zur Reinigung: als Waschmittel und Putzmittel, zum Lösen von Verkrustungen, um Gerüche und Säuren zu neutralisieren. Auch in der Küche kennen wir es: Man verwendet etwas Natron, um Hülsenfrüchte schneller gar zu kochen, Wasser weicher zu machen und saures Obst zu „entsäuern" (zum Beispiel für Rhabarberkompott oder Sanddornkonfitüre) und so weniger Zucker verwenden zu müssen. Also: Natron ist in unserer heutigen Welt recht weit verbreitet.

Die Säurequellen im Backpulver

Um CO_2 zu produzieren, benötigt das Natron Säure. Und hier liegt nach meiner unmaßgeblichen Meinung das größere Problem. Beim herkömmlichen Backpulver wird als Säurequellen entweder Natriumpyrophosphat oder Monocalciumphosphat verwendet. (Es gibt weitere Namen für die Phosphate, auf die wir aber nicht weiter eingehen wollen.) Diese Phosphate werden in letzter Zeit genauer beobachtet, insbesondere, nachdem bei Tierversuchen an Ratten und Wiederkäuern Auffälligkeiten im Bereich des Verdauungstraktes (Irritationen der Schleimhäute, Durchfall, Koliken, Magenprobleme) und des Herz-Kreislaufsystems (Herzrasen) aufgetreten sind. Diese Auffälligkeiten traten meist aber erst bei erheblichen Mengen auf, die ein Mensch nicht zu sich nehmen würde. Insofern sind die beiden Phosphate also unbedenklich. Sie sind auch für den Biobereich (mit einer Mengenbeschränkung) zugelassen. Trotz dieser beschränkten Freigabe stehen die Phosphate aber unter dem Verdacht, Hyperaktivität, allergische Reaktionen und Osteoporose auszulösen. Es könnte also ein Problem geben. Nachdem es viele Menschen gibt, die sich die Frage stellen, ob solche Zutaten nicht durch natürlichere ersetzt werden können, wurden Alternativen zu den Phosphaten eingesetzt. Sie finden schon fertige Angebote zu herkömmlichen Backpulver im Handel.

Eine natürliche Alternative ist die Fruchtsäure, sie kommt in sauren Früchten wie Zitronen und Obstessig vor, doch ist der Säuregehalt nicht immer gleich. Für die industrielle Herstellung von Backpulver werden aber Säurequellen mit immer gleichem Säuregehalt benötigt, daher bieten sich auch andere Salze von Säuren an. Beispielsweise Weinstein (ein Salz der Weinsäure). Weinstein ist das, was sich beim Wein in den Fässern und Flaschen in Kristallform am Boden und Korken absetzen kann. Es ist kein Qualitätsproblem des Weines (der kann trotzdem spitze sein), sondern eher ein kosmetisches Problem (es knirscht eben zwischen den Zähnen wie Sand, löst sich dann aber langsam auf, während es zunehmend saurer schmeckt). Bei Wein ist Weinstein sehr unbeliebt. Man kann den Weinstein aber einfach abfiltern. Ursprünglich war Weinstein auch der Grund, warum man Rotweine dekantierte, also in Karaffen umfüllte.

Wie kommt Weinstein in den Wein? Weinstein entsteht, wenn sich die von Natur aus im Wein enthaltenen Mineralien mit der ebenfalls natürlich im Wein vorhandenen Weinsäure verbinden. In gelöster Form kommt Weinstein im Grunde genommen in jedem Wein vor. Dass er sich zu größeren, bernsteinfarbenen Kristallen zusammenfügt und sichtbar wird, kann beispielsweise durch die Weinlagerung bei niedrigen Temperaturen hervorgerufen werden. Ob und wie viel Weinstein entsteht, ist auch von dem Weinjahrgang oder Alkoholgehalt abhängig. Aber, ganz wichtig: Weinstein ist nicht giftig, oder höchstens so wie normales Küchensalz (man sollte ihn also nicht in Mengen zu sich nehmen). Weinstein löst sich in Flüssigkeiten auf. Die Flüssigkeit wird dann sauer. Und das ist auch der Grund, um Weinstein zu verwenden: Das Natron benötigt Säure um CO_2 zu produzieren und der Weinstein enthält die Säure.

Aber warum werden dann die chemischen Substanzen Natriumpyrophosphat oder Monocalciumphosphat überhaupt noch verwendet, wenn es mit Weinstein auch und vielleicht gesünder geht? Natron braucht, wir haben es bereits gelesen, zur Produktion von CO_2 eine Säure. Nun hat es aber durchaus einen Einfluss auf die Qualität des Gebäcks, *wann* im Verlauf des Backprozesses das Gebäck aufgehen soll, also das CO_2 benötigt wird. Die beiden Phosphate bringen das Natron zu einem späten Zeitpunkt zum Reagieren, Fruchtsäuren aber bereits zu einem recht frühen Zeitpunkt. Der spätere Zeitpunkt ist aber backtechnisch günstiger, weil dann bereits die ersten Eiweißverbindungen im Teig gefestigt sind. So kann mehr CO_2 gehalten werden und das Gebäck ist auch stabiler.

Nun spielt aber der Zeitpunkt des Aufgehens für den Hobbybäcker keine so große Rolle wie für die Backindustrie. Er wird sich in den meisten Gebäcken kaum in einem Qualitätsunterschied bemerkbar machen. Und aus diesem Grund kann man für die heimische Bäckerei auch gerne Weinstein anstelle von den Phosphaten als Säurequelle verwenden. Oder gar Fruchtsäure.

Kann man damit sein eigenes Backpulver vielleicht auch selbst machen und sogar vorbereiten? Nun, liebe Leserin und lieber Leser: Ja, aber nur mit Einschränkungen. Mit Saft und Essig geht es natürlich nicht, denn da würde ja das Natron bereits mit dem Saft reagieren. Aber es gibt auch Säuren in Pulverform. Beispielsweise Zitronensäure. Und mit Weinstein eben. Anleitungen finden Sie in entsprechenden späteren Kapiteln.

Trennmittel im Backpulver

Als drittes ist im Backpulver noch ein Trennmittel enthalten. Dieses brauchen wir, damit es keine Reaktion gibt, wenn geringe Mengen Feuchtigkeit (zum Beispiel aus der Küchenluft) in das Natron-Säuregemisch gelangen. Außerdem erhält das Backpulver dadurch mehr Volumen und es ist besser dosierbar, da das Handhaben von sehr geringen Mengen problematisch sein kann. In aller Regel ist das Trennmittel einfache Stärke (Kartoffel- oder Maisstärke, seltener Weizenstärke). Hier ist nur darauf zu achten, dass man keine Stärke mit Gluten erwischt, wenn man ein glutenfreies Backpulver verwenden will.

Verwendung von Backpulver

Die Verwendung von Backpulver gestaltet sich recht einfach: Backpulver wird in der im Rezept vorgegebenen Menge zum Mehl gegeben, gut untergemischt und anschließend mit den übrigen Zutaten des Teiges verrührt oder verknetet. Danach sollte der Teig gleich portioniert (zum Beispiel bei Muffins) oder in die Backform. Gehenlassen des Teiges, wie bei Hefe oder Sauerteig, ist nicht nötig, denn anders als die biologischen Triebmittel treibt Backpulver nur in Zusammenspiel von Flüssigkeit und Hitze.

Quark-Öl-Teig

Eine Besonderheit bei den Backpulverteigen ist der Quark-Öl-Teig.

Der Quark-Öl-Teig enthält im Verhältnis zu den anderen Teiganteilen recht wenig Mehl und dafür viel Öl. Des Weiteren ist (ja, na klar) Quark enthalten. An weiteren flüssigkeitshaltigen Zutaten kommen noch ein Ei und ein paar Esslöffel Milch zum Öl hinzu. Und genau deswegen ist der Teig auch so schön saftig und lecker. Er ist eine sehr schnelle Alternative zu Hefeteig und kann süß oder herzhaft zubereitet werden.

Grundteig

Der Grundteig, den man meist nicht variiert, sondern nur anders belegt, ist recht einfach:

Zutaten:

1 Ei
150 g Magerquark
6 EL Milch
6 EL Öl
300 g Weizenmehl (Type 550)
75 g Zucker (bei herzhaftem Quark-Öl-Teig weglassen)
1 Prise Salz
3 TL Backpulver

ZUBEREITUNG:
Ei, Quark, Milch und Öl verrühren, Mehl mit Zucker, Salz und Backpulver mischen und zur Quarkmasse geben. Den Teig gut, aber nicht zu lange mit dem Handrührgerät verkneten, damit er nicht zäh wird.

Anschließend 12 Teile abtrennen, einzeln zu runden Fladen gedrückt auf ein Backpapier legen und nach Belieben belegen (mit Puddingmasse, Obst oder einfach nur mit Zimtzucker bestreuen).

Bei 180 °C Ober-/Unterhitze im vorgeheizten Backofen 20–25 Minuten auf mittlerer Schiene backen.

Sie wollen ein ganzes Backblech belegen? Kein Problem: Backpapier auf das Backblech legen, Quark-Öl-Teig darauf verteilen, mit Obst belegen und 35–40 Minuten bei 180 °C Ober-/Unterhitze auf mittlerer Schiene backen. Anschließend mit Zucker abstreuen (zum Beispiel bei Pflaumenkuchen).

Rührteig

GRUNDREZEPTE, BACKPULVER UND FETT

ZUTATEN:
200 g Butter, weich
175 g Zucker
1 Pck. Vanillezucker
1 Prise Salz
3 Eier (Größe M)
400 g Weizenmehl Type 405
100 g Speisestärke
3 TL Backpulver
3–4 EL Milch (zimmerwarm)

ZUBEREITUNG:

Die Butter cremig aufschlagen. Nach und nach den Zucker, Vanillezucker, Salz und die Eier unterrühren. Die Masse sollte deutlich aufschäumen und eine weißliche Farbe haben. Der Zucker muss sich vollständig aufgelöst haben.

Das Mehl, die Speisestärke und das Backpulver gut mischen. Abwechselnd mit der Milch unter die Buttermasse rühren.

Anschließend den Teig sofort weiter verarbeiten.

1 Rührteig à 1000 g

20 Min. Vorbereitung
Backzeit nach Art der Verwendung

einfach

10 Bagels à ca. 100 Gramm	15 Min. Vorbereitung 20 Min. Ruhen 30 Min. Zubereitung 2 × 12–15 Min. Backen 30 Min. Dekoration (nach Wunsch)	mittel

Bagels

NATRON

ZUTATEN:

TEIG:
500 g Weizenmehl Type 550
10 g Salz
50 g Zucker
1 Pck. Backpulver
50 g Butter (geschmolzen)
125 ml Milch (handwarm)
125 ml Wasser (handwarm)
2 EL Speiseöl
1 Ei (Größe M)

FÜR DAS KOCHEN:
2 l Wasser
4 EL Zucker
5 g Natron

DEKORATION:
1 Eigelb
2 EL Milch zum Bestreichen
Sesam
Mohn
Schokoglasur
Zuckerglasur (Puderzucker mit Zitronensaft)

VORBEREITUNG:
Mehl, Salz, Zucker und Backpulver gut vermischen.
50 g Butter schmelzen.
2 Backbleche mit Backpapier belegen.
Eigelb mit 2 EL Milch verrühren.

ZUBEREITUNG:
Die Mehlmischung, Milch, Wasser und das Öl gut vermischen, zu einem festen Teig kneten und abgedeckt 20 Minuten ruhen lassen. Das Ei und die geschmolzene Butter unterkneten, bis sich der Teig von der Schüssel löst. 10 Stücke zu je 100 Gramm abwiegen. Die Teiglinge rund wirken, mit einem Kochlöffelstiel in die Mitte ein Loch stechen und den Teigling mit kreisenden Fingerbewegungen auseinanderziehen, bis das Loch einen Durchmesser von ca. 3 cm hat. Die Teigstücke auf ein leicht bemehltes Backleinen setzen. Den Backofen auf 220 °C Ober-/Unterhitze vorheizen. 2 Liter Wasser mit dem 4 EL Zucker und 5 g Natron erhitzen, bis es leicht simmert.
Zwei Bagels in das Wasser gleiten lassen und 90 Sekunden ziehen lassen, bis sie sich sichtbar ausdehnen. Mit zwei Holzkochlöffeln drehen und weitere 90 Sekunden ziehen lassen. Anschließend herausnehmen, kurz abtropfen lassen, mit Eigelb bestreichen und auf das mit Backpapier belegte Backblech setzen.
Wenn Mohn oder Sesam gewünscht wird, nach dem Bestreichen mit der Eigelbmilch in Sesam oder Mohn tunken.

Backen:

Das Backblech auf der 2. Schiene von unten in den Backofen schieben und bei 220 °C Ober-/Unterhitze ca. 12–15 Minuten backen, bis die Bagels eine goldbraune Farbe haben. Auf einem Gitter auskühlen lassen.

Grissinis

BACKPULVER

ZUTATEN:

TEIG:
500 g Weizenmehl Type 405
5 g Zucker
10 g Salz
1 Pck. Backpulver
275 ml Wasser (handwarm)
3 EL Olivenöl
Mehl für die Arbeitsfläche

DEKORATION:
2 EL Italienische Kräuter
2 EL geriebener Parmesan
2 EL Mohn oder Sesam

VORBEREITUNG:
Backblech mit Backpapier belegen.
Backofen auf 200 °C Ober-/Unterhitze vorheizen.
Mehl, Zucker, Salz und Backpulver gut vermischen.

ZUBEREITUNG:
Alle Zutaten für den Teig in einer Schüssel 5 Minuten zu einem elastischen und geschmeidigen Teig kneten und 15 Minuten ruhen lassen.
Den Teig nochmals von Hand leicht durchkneten und auf einem bemehlten Backbrett oder dem Tisch ca. 1 cm dick ausrollen. Mit einem Messer oder Pizzaschneider 1 cm dicke Streifen abschneiden, diese etwa bleistiftdick länglich ausrollen und auf das Backblech setzen.
Die Grissinis mit Wasser bestreichen und mit den Kräutern, dem Käse und dem Mohn bzw. Sesam bestreuen.

Backen:
Das Backblech auf der 2. Schiene von unten in den Backofen schieben und bei 200 °C Ober-/Unterhitze ca. 15 Minuten backen.
Aus dem Backofen nehmen und auf einem Gitter auskühlen lassen.

ca. 30–40 Grissinis

10 Min. Vorbereitung
15 Min. Ruhen
30 Min. Zubereitung
15 Min. Backen

einfach

1 Brot à 1000 g	30 Min. Vorbereitung 12 Std. Aromatisierung 70–80 Min. Backen 2 Tage Kühlen	einfach

Kräftiges Früchtebrot

BACKPULVER

ZUTATEN:

je 100 g Rosinen, Cranberrys, Aprikosen und Pflaumen
je 100 g Mandeln und Haselnüsse
60 ml Rum
60 ml Wasser, heiß
250 g Weizenmehl Type 550
3 TL Backpulver
2 TL Lebkuchengewürz
3 Eier
50 ml Honig
50 g Rohrzucker

VORBEREITUNG:

Aprikosen und Pflaumen kleinschneiden und mit den Cranberrys und den Rosinen mischen. Mandeln und Nüsse hacken und zu den Früchten geben. Alles mit dem Rum und dem heißen Wasser übergießen, mischen und über Nacht abgedeckt durchziehen lassen.
Mehl, Backpulver und Lebkuchengewürz gut vermischen.
Den Backofen auf 170 °C Ober-/Unterhitze vorheizen.

ZUBEREITUNG:

Eier schaumig schlagen, abwechselnd Zucker und Honig zugeben. Danach die Mehlmischung unterrühren. Zum Schluss die Früchte-Nuss-Mischung unterheben. Die Masse in eine gefettete oder mit Backpapier ausgelegte Kastenform füllen.

Backen:

Die Kastenform auf der mittleren Schiene in den vorgeheizten Backofen schieben und ca. 70–80 Minuten backen.
Anschließend auf einem Kuchengitter auskühlen lassen. Damit sich das Aroma gut entfalten kann, empfiehlt es sich, das Früchtebrot in Klarsichtfolie zu wickeln und 2 Tage kühl zu stellen.

Käse-Zwiebelbrötchen mit Bier

BACKPULVER

ZUTATEN:

QUELLSTÜCK:
250 g Weizenvollkornmehl
150 ml dunkles Hefeweizenbier, kalt
100 ml Wasser, kalt

HAUPTTEIG:
250 g Weizenvollkornmehl
3 TL Backpulver
½ TL Kümmel, gemahlener
10 g Salz
150 ml Wasser, kalt
100 g Röstzwiebel
150 g Käse (z. B. Emmentaler), gerieben
Milch zum Bestreichen

VORBEREITUNG:

Quellstück:

Das Weizenvollkornmehl vorsichtig mit dem Wasser und dem Weizenbier übergießen und gut verrühren. Anschließend 3 Stunden kalt quellen lassen.

ZUBEREITUNG:

Für den Teig das Weizenvollkornmehl mit dem Backpulver gut vermischen. Das Quellstück, die Gewürze und das Wasser zugeben und vorsichtig mischen.
Den Teig gut kneten. Zum Schluss die Röstzwiebel und den geriebenen Käse zugeben und 1–2 Minuten unterkneten. Anschließend den Teig 20 Minuten kalt ruhen lassen.
Den Backofen auf 230 °C Ober-/Unterhitze vorheizen. Aus dem Teig 15 Stücke à ca. 80 g abwiegen und in der hohlen Hand rundwirken. Mit dem Schluss nach oben auf ein mit Backpapier belegtes Backblech legen, etwas flachdrücken und mit Milch bestreichen.

Backen:

Das Backblech auf der mittleren Schiene in den vorgeheizten Backofen schieben. Die Brötchen 20–25 Minuten backen.
Anschließend auf einem Kuchengitter auskühlen lassen.

15 Brötchen à ca. 80 g	3 Std. Quellzeit 20 Min. Ruhen 60 Min. Vorbereitung 20–25 Min. Backen	mittel

1 Strudel à 1350 g	45 Min. Vorbereitung 45–45 Min. Backen	einfach

Klassischer Apfelstrudel

BACKPULVER

ZUTATEN:

TEIG:
300 g Weizenmehl Type 405
2 TL Backpulver
1 Prise Salz
120 g Zucker
120 g Butter (kalt)
1 Ei (Größe M)
3 EL Milch
abgeriebene Schale von ½ unbehandelten Zitrone

FÜLLUNG:
500 g saure Äpfel
75 g Zucker
1 Pck. Vanillezucker
50 g Weizengrieß
50 g Sultaninen
50 g gehobelte Mandeln
20 ml Rum
1 Prise Zimt
1 EL Zitronensaft

GLASUR:
50 g Butter
Puderzucker zum Bestreuen

VORBEREITUNG:
Sultaninen im Rum einweichen.

Füllung:

Die Äpfel schälen, vierteln und entkernen. In 5 mm dicke Scheiben schneiden und in einer Schüssel und mit den restlichen Zutaten vermischen.
Die Butter für die Glasur in einem kleinen Gefäß zerlassen.

Teig:

Mehl, Backpulver und Salz gut mischen. Die restlichen Zutaten dazugeben und alles zu einem glatten Teig kneten. Abgedeckt 25 Minuten ruhen lassen.
Den Backofen auf 200 °C Ober-/Unterhitze vorheizen. Den Teig zu einem Rechteck ausrollen (30 × 40 cm) und auf ein leicht mit Mehl bestäubtes Leinentuch legen und mit der Füllung bedecken. Dabei an den kurzen Seiten einen 2 cm breiten Rand lassen. Den freigelassenen Rand auf die Füllung klappen und mit dem Tuch von der längeren Seite her zusammenrollen. Mithilfe des Tuches den Strudel mit dem Schluss nach unten auf ein mit Backpapier belegtes Backblech legen. Mit der Hälfte der flüssigen Butter bestreichen und in Abständen von 2 cm oben leicht einschneiden.

Backen:

Den Strudel auf der 2. Schiene von unten in den auf vorgeheizten Backofen schieben und backen. Nach 30 Minuten mit der restlichen Butter bestreichen und in weiteren 15–20 Minuten fertigbacken.
Anschließend aus dem Backofen nehmen und auskühlen lassen. Vor dem Servieren mit Puderzucker bestäuben. Der Strudel kann auch heiß mit Vanillesoße serviert werden.

Klassischer Apfelstudel

Schritt für Schritt:

1. Den gut durchgekneteten Teig auf einem bemehlten Leinentuch (keine Baumwolle) dünn ausrollen …

2. … bis das Stoffmuster durch den Teig durchscheint. Dann ist der Teig ca. 2 mm dick.

3. Anschließend die Füllmasse auf dem Teig verteilen. Die Ränder gut abmehlen und mit Wasser benetzen.

4. Den rechten Rand auf die Masse klappen.

5. Durch vorsichtiges Heben des Tuches den Teig einrollen.

6. Den Strudel mit dem linken Teigrand nach unten legen und die beiden Enden gut verschließen.

7. Den Strudel auf ein Backpapier legen und gut 2 cm tief im 1-cm-Abstand einschneiden.

Für 24 Nussecken	10 Min. Vorbereitung 10 Min. Ruhe 25–30 Min. Backen 30 Min. Zuschnitt und Dekoration	einfach

Nussecken

BACKPULVER

TEIG:
250 g Weizenmehl Type 405
7 g Backpulver
100 g Zucker
1 Pck. Vanillezucker
1 Ei (Größe M; zimmerwarm)
1 Prise Salz
100 g Butter (zimmerwarm)

BELAG:
200 g Butter
150 g Zucker
1 Pck. Vanillezucker
3 EL Wasser
150 g Haselnüsse, gehackt
150 g Mandeln, gehackt

DEKORATION:
150 g Kuvertüre

VORBEREITUNG:
Backblech (40 × 30 cm) mit Backpapier auslegen.

ZUBEREITUNG:

Teig:
Alle Zutaten zu einem Teig kneten und anschließend 10 Minuten ruhen lassen.

Belag:
Den Backofen auf 180 °C Ober-/Unterhitze vorheizen. In einem Topf die Butter zerlassen. Zucker, Vanillezucker und das Wasser zugeben und aufkochen lassen, bis sich der Zucker aufgelöst hat. Anschließend die Nüsse und die Mandeln unterrühren. Die Masse 10 Minuten abkühlen lassen.
Den Teig ca. 7 mm dick ausrollen, leicht mit Mehl bestäuben und auf ein Nudelholz aufrollen. Anschließend auf dem mit Backpapier belegten Backblech wieder abrollen.
Die Nussmasse auf dem Teig gleichmäßig verteilen.

Backen:
Die Form auf der mittleren Schiene in den vorgeheizten Backofen schieben und ca. 25–30 Minuten backen. Anschließend aus dem Ofen nehmen und auskühlen lassen.

Dekoration:
Kuvertüre in einem Topf im heißen Wasserbad schmelzen.
Das Gebäck in 8 × 8 cm große Quadrate schneiden und diagonal halbieren, sodass Dreiecke entstehen.
Die Ecken der Dreiecke in die Kuverture tauchen und auf einem Kuchengitter abkühlen lassen.

Für ca. 8 Stück

45 Min. Zubereitung
25 Min. Backen

einfach

Kirsch-Streusel-Taler

QUARK-ÖL-TEIG

ZUTATEN:

STREUSEL:
250 g Kokosraspel
60 g Weizenmehl Type 405
60 g Zucker
125 g Butter

TEIG:
300 g Weizenmehl Type 405
3 g Natron
175 g Magerquark
3 EL Milch
6 EL Öl
75 g Zucker
1 Pck. Vanillezucker
1 Ei (Größe M)
1 Prise Salz
4 EL Obst-/Apfelessig
Mehl zum Formen

BELAG:
1 Glas Kirschkonfitüre (340 g)

VORBEREITUNG:
2 Backbleche mit Backpapier belegen.
Mehl mit Natron mischen.
Backofen auf 175 °C Ober-/Unterhitze vorheizen.

ZUBEREITUNG:

Streusel:

Kokosraspel mit Mehl und Zucker mischen und Butter in Flöckchen darauf geben. Mit den Händen zu Streuseln verarbeiten.

Teig:

Quark, Milch, Öl, Zucker, Vanillezucker, Ei und Salz mit dem Schneebesen verrühren. Die Mehlmischung und den Essig zufügen und zu einem glatten Teig kneten.
Teig in 8 gleich große Stücke teilen. Die Teigstücke zu Fladen formen und jeweils 4 Fladen auf ein Backblech setzen.
Die Konfitüre gleichmäßig auf den Fladen verstreichen und die Streusel darauf verteilen.

Backen:

Backbleche nacheinander im vorgeheizten Backofen auf der mittleren Schiene ca. 25 Minuten backen.
Aus dem Ofen nehmen, auf ein Kuchengitter setzen und auskühlen lassen. Dazu schmeckt halbsteif geschlagene Sahne.

Quark-Mohn-Teilchen

QUARK-ÖL-TEIG

ZUTATEN:

PUDDING:
1 Vanilleschote
40 g Stärke
400 ml Milch
1 EL Zucker

MOHNFÜLLUNG:
70 g Mohn, gemahlen
100 ml Milch
25 g Zucker
1 Pck. Vanillezucker
1 Prise Salz
15 g Butter
1 Ei (Größe M)
1 Spritzer Rum

TEIG:
300 g Weizenmehl Type 405
3 g Natron
150 g Magerquark
75 g Zucker
1 Pck. Vanillezucker
3 EL Milch
5 EL Öl
1 Prise Salz
1 Ei (Größe M)
4 EL Obst-/Apfelessig

BELAG:
12 Aprikosenhälften
50 g Mandelstifte

VORBEREITUNG:
Backblech mit Backpapier belegen.
Backofen auf 200 °C Ober-/Unterhitze vorheizen.
Vanilleschote längs aufschlitzen und das Vanillemark herauskratzen.
Aprikosen abtropfen lassen.
Mehl und Natron mischen.

ZUBEREITUNG:

Pudding:
Die Stärke mit 2 Esslöffeln Milch verrühren. Restliche Milch, Zucker und Vanillemark aufkochen. Angerührte Stärkemilch einrühren, nochmals aufkochen und unter Rühren abkühlen lassen.

Mohnfüllung:
Alle Zutaten bis auf das Ei und den Rum in einen Topf geben und bei geringer Hitze aufkochen lassen. Die Masse auf etwa 60 °C abkühlen lassen und das Ei und den Rum zugeben und gut verrühren. Abkühlen lassen.

Teig:
Quark, Zucker, Vanillezucker, Milch, Öl und Salz verrühren. Mehl und Natron mischen und mit dem Ei und dem Essig unter die Quarkmasse kneten. Quark-Öl-Teig zu einer Rolle (8 cm ∅) formen, in 12 Scheiben schneiden, zu runden Platten formen und auf das mit Backpapier belegte Backblech legen.

Fertigstellung und Backen:
In die Mitte jeweils eine Mulde drücken. Zunächst je einen Esslöffel Pudding darauf geben, dann die Mohnmasse darauf verteilen. Jeweils eine Aprikose darauflegen. Mit Mandelstiften bestreuen und im vorgeheizten Backofen bei 15 Minuten backen.

Für 12 Stück

45 Min. Zubereitung
15 Min. Backen

einfach

Für ca. 8 Stück

60 Min. Zubereitung
15–20 Min. Backen

einfach

Quarkteilchen mit Pflaumen und Marzipan

QUARK-ÖL-TEIG

ZUTATEN:

TEIG:
300 g Weizenmehl Type 405
3 g Natron
150 g Magerquark
75 g Zucker
1 Päckchen Vanillezucker
6 EL Milch
6 EL Öl
1 Prise Salz
4 EL Obst-/Apfelessig

FÜLLUNG:
375 g Pflaumen
150 g Marzipan-Rohmasse
50 g Mascarpone

DEKORATION:
1 Ei (Größe M)
1 TL süße Sahne
1 EL Puderzucker zum Bestäuben

VORBEREITUNG:

Pflaumen waschen, trocken tupfen, entsteinen und vierteln und in dünne Scheiben schneiden. Marzipan leicht erwärmen und mit Mascarpone verrühren.
Mehl und Natron mischen.
Backbleche mit Backpapier belegen.
Backofen auf 200 °C Ober-/Unterhitze vorheizen.

ZUBEREITUNG:

Quark, Zucker, Vanillezucker, Milch, Öl und Salz verrühren.
Mehlmischung mit dem Essig zur Quarkmischung geben und alles zu einem glatten Teig verkneten.
Auf einer bemehlten Arbeitsfläche zu einem Rechteck (ca. 35 × 50 cm) ausrollen und den Teig in 8 Rechtecke schneiden.
Jeweils eine Hälfte mit etwas Marzipan bestreichen und mit Pflaumen belegen, dabei außen einen Rand lassen.
Das Ei trennen. Die Teigränder mit Eiweiß bestreichen, die unbelegte Hälfte über die belegte klappen und mit einer Gabel andrücken. Teilchen an der Oberseite mehrmals mit einem Messer einschneiden und auf ein Backblech setzen.

Backen:

Im vorgeheizten Backofen bei 200 °C Ober-/Unterhitze auf der mittleren Schiene 15–20 Minuten backen.
Eigelb und Sahne verrühren und die Gebäckstücke nach ca. 10 Minuten Backzeit damit bestreichen. Auf einem Kuchengitter auskühlen lassen und mit Puderzucker bestäubt servieren.

>>>>>>>>>>> Natron

Natron als Triebmittel

Im Kapitel „Backpulver“ haben wir bereits über den wichtigsten Inhaltsstoff im Backpulver gesprochen: das Natron.

Warum schreiben wir hier erneut über Natron? Und dann auch noch ein ganzes Kapitel? Nun, weil man Natron nicht nur als Bestandteil des Backpulvers zum Treiben verwenden kann, sondern, unter bestimmten Umständen, auch ganz alleine. Also schauen wir uns Natron noch einmal an und denken wir mal nach, wie das funktionieren könnte.

Natron (offiziell Natriumhydrogencarbonat) ist ein Salz, genauer ein Natriumsalz der Kohlensäure. Die Namen „Speisesoda“ und „Backsoda“ sind nicht nur sehr ungenau, sondern auch falsch. Natron ist ein weißes, kristallines Pulver, das in Wasser löslich ist. Es zersetzt sich bei Temperaturen ab 50 °C zu Wasser, Kohlenstoffdioxid und zu Natriumcarbonat (also „Soda“, das man nicht mit „Natron“ verwechseln sollte). Daher kommt auch die falsche Bezeichnung „Speisesoda“.

Natron hat die Eigenschaft, dass es Säuren zersetzt und dabei das Gas Kohlenstoffdioxid freisetzt. Und genau diese Funktion ist jetzt wichtig. Was passiert nämlich, wenn man Natron zu etwas sehr Saurem dazugibt? Richtig. Es entsteht das Gas CO_2. Und Wasser. Und die Säure verliert sich dabei. Also kann man Natron auch verwenden, wenn man etwas zu sauer gemacht hat? Ganz genau. Hat man zu viel Essig zu den Linsen gegeben: mit ein wenig Natron ist das wieder behoben. Die leicht sprudelnden Gasbläschen auf dem Teller oder im Topf kann man mit einem Löffel wieder herausrühren.

Genau diese Funktion „Natron löst Säure auf und setzt CO_2 frei“ ist das Grundprinzip im Backpulver. Im Backpulver ist aber Säure (meist Phosphate) bereits enthalten.

Was fällt uns jetzt dazu ein? Genau: Wir sollten mal versuchen, einen Kuchen mit sauren Früchten zu backen. Beispielsweise einen Zitronenkuchen mit Zitronensaft. Wir bräuchten dann kein Backpulver (indem dann neben Natron ja auch eine Säurequelle ist). Säure ist schon im Teig durch die Zitrone enthalten. Würde das klappen?

Liebe Leserin, lieber Leser, Sie vermuten meine Antwort bereits: Ja, das funktioniert, und zwar ganz schön gut. Auf jeden Fall bei Zitrone. Und bei anderen Früchten, die viel Säure enthalten? Rhabarber? Sauerkirschen? Johannisbeeren? Orangen? Himbeeren, Aprikosen und anderen? Ja, bei all den Früchten, die viel eigene Säure enthalten, und bei denen man meist sogar etwas mehr Zucker verwendet, damit der Geschmack insgesamt nicht zu sauer wird, können wir Natron alleine zum Aufgehen des Kuchens nehmen.

Gut. Aber es gibt doch auch Obst, das gar keine Säure Enthält, Bananen zum Beispiel. Was macht man da? Ganz genau das Gleiche: Man gibt noch etwas Saures dazu, am besten als Flüssigkeit. Zum Beispiel Zitronensaft. Oder Obstessig. Obstessig? Ja, schmeckt der Kuchen dann nicht total nach Essig? Nein, kein Problem. Denn, wie wir oben festgestellt haben, neutralisiert das

Natron Säuren. Aus diesem Grund wird man keinen Essig schmecken. Auch, wenn wir zwei ganze Esslöffel an den Teig geben. Eine hoch interessante Sache ...

Und warum machen die Bäcker das nicht so? Und warum wird Backpulver nur mit Phosphaten als Säuerungsquelle verkauft? Nun, so ganz stimmt das nicht. Es gibt auch Backpulver, das anstelle von Phosphaten eine andere Säuerungsquelle enthält. Genaueres finden Sie im Kapitel „Weinstein". Und der Profibäcker backt nicht so, weil das etwas unbequem ist. Er möchte immer die gleichen Ergebnisse erzielen und auch der Zeitablauf sollte immer gleich sein. Ehe er jetzt den Säuregehalt der Flüssigkeiten und Früchte misst und darauf den Natrongehalt abstimmt, bzw. mit anderen Säuren nachsteuert, verlässt er sich lieber auf die definierte Menge Backpulver. Da sind die Säure und das Natron bereits in einem optimalen Verhältnis enthalten. Außerdem ist es für ihn wichtig, zu welchem Zeitpunkt im Verlauf des Backprozesses das Gebäck aufgeht, also das CO_2 erzeugt werden soll, und da haben Phosphate einen Vorteil (eine genaue Erklärung finden Sie dazu auf Seite 47).

Anleitung: Natron mit Fruchtsäure

Wie gehen wir nun konkret vor? Nun, wir müssen uns auch hier ganz klar das richtige Verhältnis zwischen Natron und Säure herstellen. Dieses beträgt:

500 g Weizenmehl (Type 405) oder Dinkelmehl (Type 660)
1 TL Natron
3 EL Essig bzw. Zitronensaft

Diese Mischung ist „säureneutral", das heißt, dass nach der Reaktion keine Säure mehr übrig ist (das Natron hat die gesamte Säure zerlegt) und das Natron genug Säure zum Reagieren hat.

Soll der Geschmack des Gebäcks saurer werden, gibt man Säure dazu, soll er milder werden – (weil beispielsweise die Kirschen sauer sind und man den Geschmack nicht mit Zucker steuern will –, gibt man etwas weniger Essig- oder Zitronensaft hinzu. Welchen Essig man nimmt ist egal, Apfelessig und Weinessig bieten sich an, weil sie aus Obstsäften entstanden sind.

Vorsicht bei Essigessenz: Essigessenz ist konzentrierter Essig, der meist künstlich hergestellt wird. Und im Gegensatz zu Essig, der aus 5 % Essigsäure und 95 % Wasser besteht, enthält Essigessenz 25 % Essigsäure und nur 75 % Wasser. Wenn man Essenz verwenden will, so muss man ihn verdünnen.

Auf 100 ml Essigessenz muss man 400 ml Wasser geben. Bitte den Säuregehalt der Essenz kontrollieren (steht auf der Flasche). Essigessenz pur ist giftig und stark ätzend!

Anstelle von Essig, Saft oder Weinstein können Sie auch andere Substanzen nehmen, die eine starke Säure aufweisen:

Zitronensäure als Pulver oder Ascorbinsäure. Hier ist das Verhältnis folgendes:

500 g Weizenmehl (Type 405) oder Dinkelmehl (Type 630)
1 TL Natron
1 TL reine Zitronen- oder Ascorbinsäure
(Zitronen- und Ascorbinsäure erhalten Sie in der Apotheke oder im Versandhandel.)

Trennmittel im eigenen Backpulver

Damit das Ganze auch aufbewahrt werden kann, brauchen wir noch ein Trennmittel.

Hier greifen wir auf das zurück, was auch im Backpulver enthalten ist: Stärke. Zu den oben genannten Mengen geben Sie 2 Teelöffel Mais-, Reis- oder Kartoffelstärke hinzu. Sie mischen alles gut und bewahren das Ganze in einem trockenen, metallfreien Glas auf. Metall würde mit der Backpulvermischung reagieren, aus diesem Grund empfiehlt sich ein Behälter aus Glas mit Glasdeckel.

Wenn Sie Ihr eigenes Backpulver benutzen, so geben Sie je 500 g Mehl (Weizen oder Dinkel, die Type ist egal und dem Rezept zu entnehmen) 4 Teelöffel Backpulver dazu. Warum eine größere Menge als bei Verwendung von im Handel gekauften Backpulver? Es liegt daran, dass wir keine Phosphate (die sehr sauer sind), sondern weniger scharfe Säuren genommen haben. Und zur Sicherheit etwas mehr Trennmittel. Also: alles gut!

VERWENDUNG

Wenn wir unser eigenes Backpulver verwenden wollen, so müssen wir ein wenig aufpassen. Entsinnen Sie sich, dass wir darüber gesprochen haben, dass man mit der Säure steuern kann, wann das Natron reagiert? Also: etwas früher oder etwas später? Genau hier haben wir jetzt ein kleines (wirklich nur kleines) Problem. Denn das Natron reagiert früher, wenn wir keine Phosphate als Säuerungsquelle nutzen. Wir müssen also beim Herstellen des Teiges ein klein wenig Gas geben.

Also: Das Natron oder unser eigenes Backpulver sehr gut mit dem trockenen Mehl mischen. Die flüssigen Teigzutaten mit Zucker, Salz und den weiteren Zugaben vermischen und anschließend die Mehl-Natron-Mischung sehr schnell unterrühren und anschließend in die Form geben. Bitte lassen Sie den Teig nicht lange stehen, weil bereits hier die CO_2-Produktion aus dem Natron einsetzt. Und das Ganze schnell in den Ofen. Denn durch die Einwirkung der Hitze läuft der Prozess zum Aufgehen des Teiges optimal und am intensivsten ab.

Leckerer Obstkuchen vom Blech

NATRON UND ORANGENSAFT

ZUTATEN:

BELAG:
1 kg Obst (z. B. Äpfel, Rhabarber, Kirschen)
50 g Stärke
50 ml Orangensaft
500 g Magerquark
200 g Zucker
2 Eier (Größe M)
50 g Butter oder Margarine
100 g Weizenmehl Type 550
200 ml süße Sahne

TEIG:
375 g Weizenmehl Type 550
2 TL Natron
½ TL Salz
25 g Zucker
25 g Butter
1 Ei (Größe M)
150 ml Milch
80 ml Orangensaft (zimmerwarm)
abgeriebene Schale von ½ unbehandelten Zitrone

VORBEREITUNG:

Für den Belag das Obst waschen, schälen bzw. den Saft abgießen. Äpfel in Scheiben und Rhabarber in mundgerechte Stücke schneiden. Kirschen abtropfen lassen. Stärke mit dem Orangensaft kurz aufkochen und abkühlen lassen. Den Quark mit 100 g Zucker, 1 Ei und der Stärkemischung verrühren.

ZUBEREITUNG:

Für den Teig Mehl und Natron gut vermischen.
Die restlichen Zutaten zugeben und mischen. Den Teig schnell durchkneten.
Den Backofen auf 190 °C Ober-/Unterhitze vorheizen.
Den Teig ausrollen und auf ein gefettetes oder mit Backpapier ausgelegtes Backblech legen, mit der Quarkmasse bestreichen und den Früchten belegen.
Die Butter mit 100 g Zucker und 1 Ei cremig rühren.
Nach und nach die Sahne und das Mehl abwechselnd zugeben und alles gut verrühren. Anschließend auf dem Kuchen verteilen.

Backen:

Das Backblech auf der mittleren Schiene in den vorgeheizten Backofen schieben und ca. 35–40 Minuten backen.
Anschließend auf einem Kuchengitter auskühlen lassen.

1 Kuchen à 2500 g	30 Min. Vorbereitung 40 Min. Backen	einfach

Für ca. 40–50 Plätzchen (je nach Größe)	10 Min. Vorbereitung 2 Std. Kühlen 10–12 Min. Backen 10 Min. Dekoration	einfach

Ausstecherle

NATRON

ZUTATEN:

TEIG:
250 g Weizenmehl Type 405
3 g Natron
2 Prisen Salz
150 g Butter (zimmerwarm)
100 g Zucker
40 g Puderzucker
1 Ei (Größe M)
ausgekratztes Mark von 1 Vanilleschote
3 EL Obst- oder Apfelessig

DEKORATION:
Schokostreusel, bunte Streusel
1 Eigelb und 1 EL Sahne zum Bestreichen

VORBEREITUNG:
Backblech mit Backpapier auslegen.
Mehl, Natron und Salz gut vermischen.

ZUBEREITUNG:
Butter mit dem Zucker, dem Puderzucker, dem Ei und dem Vanillemark schaumig rühren, bis der Zucker sich aufgelöst hat. Die Mehlmischung zugeben. Anschließend den Essig zugeben und zu einem festen Teig durchkneten.
Den Backofen auf 175 °C Ober-/Unterhitze vorheizen. Den Teig ca. 5 mm dick ausrollen und mit den gewünschten Formen ausstechen, auf das mit Backpapier belegte Backblech setzen. Eigelb und Sahne verrühren und die Plätzchen damit bestreichen. Mit Schokostreuseln oder bunten Streusel bestreuen.

Backen:
Das Backblech auf der mittleren Schiene in den vorgeheizten Backofen schieben und ca. 10–12 Minuten backen, bis die Plätzchen eine goldbraune Färbung haben. Anschließend aus dem Ofen nehmen und auf einem Kuchengitter auskühlen lassen.

Spritzgebäck

NATRON

ZUTATEN:

TEIG:
250 g Weizenmehl Type 405
2 g Natron
2 g Weinsteinpulver
100 g Mandeln, gemahlen
200 g Butter (zimmerwarm)
100 g Zucker
1 Pck. Vanillezucker
1 Prise Salz
1 Eigelb
3 EL Obst- oder Apfelessig

DEKORATION:
wahlweise Kuvertüre, geschmolzen

VORBEREITUNG:

Backblech mit Backpapier auslegen.
Mehl, Natron, Weinstein und gemahlene Mandeln gut vermischen.
Zucker, Vanillezucker und Salz ebenfalls gut vermischen.

ZUBEREITUNG:

Butter schaumig rühren und die Zuckermischung mit dem Eigelb abwechselnd dazu geben. So lange rühren, bis der Zucker sich aufgelöst hat. Die Mehlmischung und den Essig mit einem Schneebesen unterheben, bis das Mehl sich verteilt hat.
Die Masse in einen Spritzbeutel mit Sterntülle (mittelgroß) füllen und in den gewünschten Formen auf das mit Backpapier belegte Backblech spritzen. Anschließend 1 Stunde kalt stellen, damit die Gebäckkanten beim Backen nicht zerlaufen.
Den Backofen auf 175 °C Ober-/Unterhitze vorheizen.

Backen:

Das Backblech auf der mittleren Schiene in den vorgeheizten Backofen schieben und Ober-/Unterhitze ca. 10–12 Minuten backen, bis die Plätzchen eine goldbraune Färbung haben. Aus dem Ofen nehmen auf einem Kuchengitter auskühlen lassen. Nach Wunsch das Gebäck mit einer Seite in flüssige Kuvertüre tauchen und fest werden lassen.

Für ca. 40–50 Plätzchen (je nach Größe)

20 Min. Vorbereitung
20 Min. Zubereitung
20 Min. Kühlen
12–14 Min. Backen
10 Min. Dekoration

einfach

Für 1 Kuchen à ca. 1400 g	30 Min. Zubereitung 10 Min. Dekoration 60 Min. Backen	einfach

Zitronenkuchen

NATRON

ZUTATEN:

TEIG:

5 Eier (Größe L)
4 EL Zitronenschale, gehäuft (von ca. 6 großen unbehandelten Zitronen)
225 g Butter, weich
425 g Zucker
440 g Weizenmehl Type 405
5 g Natron
1 TL Salz
50 ml Zitronensaft
175 ml Buttermilch (zimmerwarm)
1 TL Vanilleextrakt

TRÄNKE:

100 g Zucker
125 ml Zitronensaft

DEKORATION:

Puderzucker, zum Bestäuben
alternativ 40 g Puderzucker, mit 20 ml Zitronensaft verrührt, für die Glasur

VORBEREITUNG:

Den Backofen auf 180 °C Ober-/Unterhitze vorheizen.
Eine Gugelhupfform (26 cm ∅) mit Butter einfetten und mit Mehl ausstäuben.
Eier trennen. Eiweiß kalt stellen.
Zitronenschale abreiben.

ZUBEREITUNG:

Die Butter schaumig rühren. Abwechselnd Zucker und Eigelb zugeben. Den Zitronenabrieb unterrühren und alles gut miteinander vermischen.
Das Eiweiß zu einem festen Schnee aufschlagen.
Mehl in eine Schüssel sieben, mit Natron und Salz mischen.
Zitronensaft, Buttermilch und Vanilleextrakt in einer Schüssel verrühren.
Mehlmischung und Buttermilchmischung unter die Buttermischung rühren. Zum Schluss den Eischnee vorsichtig unterrühren.

Backen:

Sofort in die vorbereitete Springform füllen und im vorgeheizten Ofen ca. 60 Minuten backen.
Stäbchenprobe machen, da die Ofentemperaturen variieren können.
Herausnehmen und in der Form zur Seite stellen.
Für die Tränke den Zucker mit dem Zitronensaft erwärmen, bis der Zucker sich ganz aufgelöst hat.
Nach etwa 10 Minuten den Kuchen aus der Form lösen, auf ein Kuchengitter stürzen. Dann auf den warmen Kuchen langsam löffelweise die Tränke verteilen. Den Kuchen danach ganz auskühlen lassen.

Dekoration:

Den Kuchen nur mit etwas Puderzucker bestäuben oder mit Glasur beträufeln.

Schoko-Marzipan-Türmchen

NATRON UND WEINSTEIN

ZUTATEN:

TEIG:
200 g Weizenmehl Type 405
50 g Speisestärke
1 TL Natron
1 TL Weinsteinpulver
1 Prise Salz
1 Ei (Größe M)
125 g Butter (zimmerwarm)
65 g Zucker
1 Pck. Vanillezucker

MARZIPANKREISE:
250 g Marzipan-Rohmasse
100 g Puderzucker
1 TL Rum

BISKUITKREISE:
1 Biskuitroulade (siehe Rezept Seite 150)
200 g Himbeermarmelade oder ähnl.
1 TL Rum

DEKORATION:
300 g Zartbitter-Kuvertüre

VORBEREITUNG:
Backblech mit Backpapier auslegen.
Die Himbeermarmelade mit dem Rum glatt rühren.

ZUBEREITUNG:

Mürbeteigkreise

Alle Zutaten für den Teig gut kneten. 1 Stunde kalt stellen. Den erkalteten Teig 3–4 mm dick ausrollen und 80 Kreise (∅ 4 cm) ausstechen und auf die mit Backpapier belegten Backbleche verteilen.
Den Backofen auf 180 °C Ober-/Unterhitze vorheizen.

Backen:

Das Backblech auf der mittleren Schiene in den vorgeheizten Backofen schieben und ca. 8–10 Minuten backen, bis die Plätzchen eine goldbraune Färbung haben. Aus dem Ofen nehmen und auf einem Kuchengitter auskühlen lassen.

Marzipankreise

Marzipan-Rohmasse mit Puderzucker und Rum verkneten. 3–4 mm dick ausrollen. 40 Kreise mit 4 cm ∅ ausstechen.

Biskuitkreise

Aus der Biskuitroulade ebenfalls 40 Kreise mit 4 cm ∅ ausstechen.

Verarbeitung:

Die Mürbeteigkreise mit der Himbeermarmelade bestreichen und die Biskuitkreise daraufsetzen. Diese wieder mit Himbeermarmelade bestreichen und wieder mit einem Mürbeteigkreis belegen. Zum Schluss nochmals mit Himbeermarmelade bestreichen und die Marzipankreise darauf platzieren.

Die fertigen Türmchen mindestens 1 Stunde kaltstellen, damit die Himbeermarmelade sich verfestigt und die einzelnen Teile zusammenhalten.
In der Kühlphase der Türmchen die Kuvertüre in eine Edelstahlschüssel geben und im Wasserbad schmelzen lassen.

Dekoration:

Die gekühlten Türmchen kopfüber in die Kuvertüre tauchen, auf Backpapier setzen und erkalten lassen. In Keksdosen schichten und die Schichten mit Backpapier trennen. Über den Dosenrand eine Frischhaltefolie spannen und dann verschließen.

Für ca. 40 Stück

1 Std. Kühlen u. Vorbereitung
1 Std. Zubereitung
10–12 Min. Backen
1 Std. Verarbeitung und Dekoration

mittel

>>>>>>>>>>> Weinstein

Im Kapitel „Backpulver" haben wir bereits über den wichtigsten Inhaltsstoff im Backpulver gesprochen: das Natron. Und auch im Kapitel „Natron" haben wir viel erfahren, besonders, wie man mittels Natron, aber ohne die üblichen Phosphate backen kann.

Wir haben dort auch gelesen, dass die Zugabe von Phosphaten nicht immer zwingend nötig ist. Wir können sie umgehen, indem wir saure Flüssigkeiten, also sehr saure Fruchtsäfte bzw. Obstessig als Säurequelle für das Natron verwenden. Auch können wir, – das ist zwar nicht optimal, aber doch ausreichend –, andere Säuren in Pulverform nutzen. Ascorbinsäure, Zitronensäure: alles möglich.

Besser jedoch als Zitronensäure in Pulverform geeignet und auch schon sehr lange beim Backen im Einsatz – schon lange vor den Phosphaten- ist eine natürlich Säure, die aus der Weinherstellung kommt: Weinstein. Genauer ist die chemische Bezeichnung „Natriumtartrat" (E 335) oder „Kaliumtartrat" (E 336) oder die Kombination „Kaliumnatriumtartrat" (E 337). Alle drei Formen fallen unter den Begriff „Weinstein". Der Unterschied zwischen ihnen ist für uns unwichtig. Er bezeichnet nur, mit welchem der natürlicherweise im Wein vorhandenen Minerale sich die Weinsäure verbindet.

Weinstein ist, chemisch betrachtet, das Salz der Weinsäure. Man kennt die kleinen Kristalle, die sich bei der Lagerung von Wein im Fass oder der Flasche absetzen. Sie sind kein Weinfehler, sie kristallisieren eben aus der Weinsäure aus. Sie sind kein Zeichen für einen guten Wein, aber auch kein Weinfehler – sie sind lediglich sehr unangenehm auf der Zunge und beim Trinken. Aus diesem Grund hat man den Wein früher immer dekantiert, also in eine Karaffe gegossen. Dort konnte er zusätzlich noch „atmen". Hauptgrund für das Dekantieren war aber das Trennen von Wein und dem Bodensatz, der zumeist eben aus diesen kleinen Kristallen, oft aber auch noch aus anderen Trübstoffen, besteht.

Weinstein ist wasserlöslich, solange die eventuell vorhandene Weinsäure nicht gesättigt vorliegt. Nimmt man Weinstein in den Mund, fühlt es sich wie sehr scharfkantiger Sand an, löst sich dann aber langsam auf und hinterlässt einen stark sauren Geschmack. Weinstein ist gesundheitlich völlig unbedenklich und beeinflusst in keiner Weise den Geschmack des Weines. Er entsteht, wenn sich die von Natur aus im Wein enthaltenen Mineralien wie Kalium oder Kalzium mit der Weinsäure verbinden. In gelöster Form kommt er in jedem Wein vor. Dass er sich zu größeren, bernsteinfarbenen Kristallen zusammenfügt und sichtbar wird, kann beispielsweise durch die Weinlagerung bei niedrigen Temperaturen hervorgerufen werden. Ob und wie viel Weinstein entsteht, ist auch vom Weinjahrgang oder Alkoholgehalt abhängig. Sein Vorhandensein ist auch kein Hinweis auf das Alter des Weines. Weinstein kann bereits in jungem Wein ausfällen.

Wie viele andere natürliche Produkte wird und wurde Weinstein für Vielerlei verwendet. Da er, vereinfacht gesagt, auskristallisierte Weinsäure ist, erhält man wieder

Weinsäure, wenn man Weinstein auflöst. Weinstein wird beispielsweise als Stabilisator in Sahne und Eischnee genutzt (bei beiden erhöht er die Temperaturtoleranz und Standfestigkeit). In Zuckersirup kann man mit Weinstein das Auskristallisieren des Zuckers vermeiden und gekochtes Gemüse behält seine natürliche Farbe. Ferner ist er eine natriumfreie Alternative für Kochsalz. Am wichtigsten er aber für uns als Ersatz für die Säurequellen „Phosphate“ in unserem Backpulver.

Anwendung

Die Anwendung ist verblüffend einfach: Entweder geben wir Natron direkt mit dem Mehl und dem Weinstein zu den Flüssigkeiten oder wir machen unser eigenes Backpulver.

Alternativ kann auch „Weinsteinbackpulver“ im Handel erworben werden. Das ist nichts anderes als Natron mit Weinstein und Stärke (als Trennmittel) gemischt.

Für 500 g Mehl (Weizen Type 405 oder Dinkel Type 630) brauchen wir:

1 TL Natron
2 TL Weinstein

Natron und Weinstein mit dem Mehl gut vermischen und zu den anderen Zutaten geben, gut durchmischen, in die Form geben und anschließend sofort im vorgeheizten Backofen backen.

Für eigenes Backpulver (für 500 g Mehl, Weizen Type 405 oder Dinkel Type 630) brauchen wir:

1 TL Natron
2 TL Weinstein
2 TL Stärke (Reis-, Mais- oder Kartoffelstärke)

Natron, Weinstein und Stärke gut mischen und in einem trockenen Glas ohne Metall aufbewahren. Metall würde mit der Backpulvermischung reagieren, aus diesem Grund empfiehlt sich ein Behälter aus Glas mit Glasdeckel. Unser Backpulver kann in größeren Mengen auf Vorrat gemischt werden.

Je 500 g Mehl nehmen wir 5 Teelöffel unseres Backpulvers zum Backen.

Für ca. 30–40 Mandeltaler (je nach Größe)

10 Min. Vorbereitung
10 Min. Ruhe
10–12 Min. Backen
10 Min. Dekoration

einfach

Mandeltaler

WEINSTEIN

ZUTATEN:

TEIG:
250 g Weizenmehl Type 405
6 g Weinsteinpulver
100 g Butter, Zimmertemperatur
1 Ei (Größe M)
90 g Blütenhonig
30 g brauner Zucker
ausgekratztes Mark von 1 Vanilleschote
20 ml Mandellikör
2 EL süße Sahne
1 Prise Salz
125 g Mandeln, gemahlen

DEKORATION:
15–20 ganze Mandeln
3 EL süße Sahne

VORBEREITUNG:
Backblech mit Backpapier auslegen.
Ganze Mandeln in Wasser erhitzen, bis sich die Haut der Mandeln zu lösen beginnt. Mandeln in ein Sieb schütten und abtropfen lassen. Anschließend die Mandeln auf Küchenkrepp schütten und so lange reiben, bis sich die Haut vollständig gelöst hat. Anschließend die Mandeln in Hälften trennen.
Den Backofen auf 160 °C Ober-/Unterhitze vorheizen.

ZUBEREITUNG:
Zutaten für den Teig gut mischen und zu einem geschmeidigen Teig kneten.
Den Teig zu einer Rolle mit 4 cm ∅ formen bzw. rollen, in Frischhaltefolie einwickeln und 45–60 Minuten kalt stellen, bis der Teig fest ist.
Die erkaltete Rolle in bleistiftdicke Scheiben schneiden und in einem Abstand von ca. 2 cm auf das Backblech setzen. Die Taler mit der süßen Sahne bestreichen, und je eine halbe Mandel daraufsetzen und diese leicht andrücken.

Backen:
Das Backblech auf der mittleren Schiene in den vorgeheizten Backofen schieben und ca. 12–15 Minuten backen. Anschließend aus dem Ofen nehmen und auf einem Kuchengitter auskühlen lassen.

>>>>>>>>>>> Hirschhornsalz

Ein weiteres Triebmittel aus der Gruppe der chemischen Triebmittel ist das Hirschhornsalz. Es ist ein, wie ich finde, lustiger Name, der einen zu falschen Schlüssen führen kann. Denn Hirschhornsalz wird nicht aus „Hirschhorn“, also den Hörnern von Hirschen, gewonnen. Das Gehörn (so der richtige Name des Geweihs des männlichen Damwildes) ist nämlich nicht aus Horn, wie man annehmen könnte, sondern aus Knochen, genauer: aus Knochensubstanz. Richtig ist aber, dass Hirschhornsalz früher aus stickstoffhaltigen Teilen von Tieren gewonnen wurde: also aus Hörnern –aber nicht von Hirschen, sondern von Rindern, Schafen oder Ziegen –, aus Klauen und Hufen. Diese wurden fein gemahlen und anschließend trocken sehr stark erhitzt. Die Asche wurde dann gereinigt. So entstand ein weißes Pulver: das Hirschhornsalz.

Heute wird Hirschhornsalz nur noch aus rein chemischen Substanzen hergestellt. Davon stehen drei, einander sehr ähnliche zur Auswahl. Sie sind gleichermaßen geeignet.

Dies sind:
Ammoniumcarbonat = $(NH_4)_2CO_3$
Ammoniumhydrogencarbonat = $(NH_4)HCO_3$
Ammoniumcarbamat = $NH_4CO_2NH_2$.

Aber wir müssen uns weder die Namen noch die chemische Formel merken. Wir sprechen hier einfach weiter von Hirschhornsalz.

Da Hirschhornsalz nicht mehr aus Teilen von Tieren gewonnen wird, ist es vegan. Es ist in der EU als Lebensmittelzusatzstoff mit der Nummer E 503 ohne Mengenbegrenzung für Lebensmittel allgemein zugelassen. Aber man darf Hirschhornsalz nicht roh probieren. Es ist leicht giftig und sehr übelschmeckend. Außerdem reagiert es mit der Magensäure und erzeugt Ammoniakgase im Magen. Hirschhornsalz wird auch „ABC-Triebmittel“ genannt, da die drei Anfangsbuchstaben Ammonium-bi-carbonat „ABC“ ergeben.

Hirschhornsalz wird ausschließlich zur Lockerung von Flachgebäcken benutzt, wie z. B. Spekulatius, Mürbeteigkeksen, -böden und Amerikanern oder auch für Lebkuchen. Es ist aber nicht geeignet für hohes und volumiges Gebäck (also zum Beispiel Kuchen oder Brot). Der Grund ist, dass die drei oben genannten Grundsubstanzen bei Temperaturen ab 60 °C zu Kohlendioxid (ist erwünscht), Ammoniak (ist nur zum Teil erwünscht) und Wasserdampf (treibt auch etwas, ist hier aber erst mal nebensächlich) zerfallen:

Ammoniumcarbonat =
$(NH_4)_2CO_3 \rightarrow 2\ NH_3 + CO_2 + H_2O$

Ammoniumhydrogencarbonat =
$(NH_4)HCO_3 \rightarrow H_3 + CO_2 + H_2O$

Ammoniumcarbamat =
$(NH_4)CO_2NH_2 \rightarrow 2\ NH_3 + CO_2$

Jetzt sind zwei weitere wichtige Begriffe gefallen: Kohlendioxid und Ammoniak.. Darauf möchte ich kurz noch eingehen, damit wir wissen, was gemeint ist, wenn wir diese Namen verwenden. Sehr einfach lässt sich Kohlendioxid erklären. Auch Laien kennen es meist unter der chemischen Formel CO_2. Es sind die Bläschen, die wir im Teig haben wollen, damit der Teig aufgeht und gelockert ist. Und schon sind wir mit Kohlendioxid wieder fertig. Mehr müssen wir zum Backen nicht wissen.

Ammoniak

Im Unterschied zum Kohlendioxid begegnet uns Ammoniak in diesem Buch nur beim Hirschhornsalz.

Ammoniak ist ein giftiges Gas. Genau betrachtet ist es eine chemische Verbindung von Stickstoff und Wasserstoff und wird chemisch als NH_3 abgebildet. Es riecht stark stechend, ist farblos und wasserlöslich. Wer schon einmal an Ammoniak gerochen hat, weiß, dass es zu Tränen reizt und man das Gefühl hat, zu ersticken.

Ammoniak ist eine der meistproduzierten Chemikalien und Grundstoff für die Produktion vieler Stickstoffverbindungen. Der größte Teil des Ammoniaks wird zu Düngemitteln, insbesondere Harnstoff- und Ammoniumsalzen, weiterverarbeitet. Vor allem für die Stickstoffdüngung wird es benötigt. Weitere Bereiche, in denen Ammoniak eingesetzt wird, sind die Kunstharz- und Kunststoffherstellung. Man verwendet es außerdem zur Textilbearbeitung und -verarbeitung, als Harzgrundstoff für Klebe- und Leimstoffe und in großen Mengen für die Papierherstellung. Kurz, trotz seiner Giftigkeit ist es nicht wegzudenken aus der heutigen Welt

Aber auch, wenn wir die ganze chemische Industrie mal wegdenken, würde Ammoniak vorkommen. Nein, ich meine jetzt nicht, wenn wir Hörner oder Klauen von Tieren verbrennen oder Kamel-Dung (so machten es die alten Ägypter). Biologisch hat Ammoniak eine wichtige Funktion als Zwischenprodukt beim Auf- und Abbau von Aminosäuren bei Mensch und Tier. Wir finden es zum Beispiel bei der biologischen Düngung mit Mist und Jauche (also ohne Stickstoff). Wir finden es in Ausscheidungen (Harnstoff) oder in Harnsäure. Auch im Schweiß ist es vorhanden. Also in vielen Teilen von Stoffwechselprodukten, sobald Eiweiß und Aminosäuren abgebaut werden.

In Wasser löst sich Hirschhornsalz gut, ohne dass es zerfällt. Daher kann es bereits in Wasser gelöst dem Teig zugegeben werden. Hirschhornsalz zerfällt in großen Mengen erst durch Wärme, also auch bei Backhitze. Langsam und auch nur in geringem Umfang beginnt der Zerfall aber bereits an der Luft bei Raumtemperatur. Daher muss Hirschhornsalz als Triebmittel in gut verschlossenen Behältnissen kühl und trocken aufbewahrt werden. Und immer getrennt von anderen Backhilfszutaten wie Backpulver oder Vanillezucker lagern, sonst wirkt sich der im Hirschhornsalz enthaltene

Ammoniak negativ auf deren Geruch aus. Aber auch das Hirschhornsalz nimmt stark Gerüche an, deswegen auch immer getrennt von Gewürzen lagern.

Bei flachem Gebäck verflüchtigt sich das Ammoniak komplett wieder aus dem Gebäck, hinterlässt aber ein sehr charakteristisches Ergebnis. Das Gebäck läuft sehr stark breit und ist ausgesprochen lange lagerfähig. Daneben hat es einen leicht herben Geschmack. Bei größerem und höherem Gebäck könnte aber nicht genug Ammoniak entweichen, sodass Geschmack und Farbe erheblich beeinträchtigt würden. Auch können durch den höheren Ammoniakgehalt gesundheitliche Beeinträchtigungen auftreten. Aus diesem Grund wird heute in Bäckereien Hirschhornsalz vermehrt durch Natron abgelöst. Der Nachteil, dass die Backwaren dann nicht mehr so lange aufbewahrt werden können, wird in Kauf genommen.

Das Ammonium soll übrigens Namensgeber für das beliebte Kuchenteilchen „Amerikaner", das ursprünglich „Ammonikaner" hieß. Allerdings existieren noch andere Geschichten, die die Namensgebung ebenfalls erklären.

Aber kommen wir zurück zum Hirschhornsalz als Triebmittel. Warum verwendet man Hirschhornsalz, wenn es das Problem mit dem Ammoniak gibt? Das ist ganz einfach. Hirschhornsalz ist ein sehr stark reagierendes Triebmittel, das auch mit sehr schweren und kompakten Teigen gut zurecht kommt. Also: Lebkuchen, flache Pfeffer- und Gewürzkuchen, Honigkuchen und sehr kompaktes Früchteflachgebäck gelingen damit perfekt. Der Ammoniak ist kein Problem, wenn man darauf achtet, dass das Gebäck flach genug ist. Durch die starke Triebwirkung muss man sich aber genau an die Mengenangabe im Rezept halten.

Außerdem ist das Gebäck dank Hirschhornsalz sehr lange haltbar. Das Gebäck kann bereits Wochen vor dem Fest gemacht werden. Meistens schmeckt es nach einer Zeit sogar noch leckerer als frisch gebacken. Aus diesem Grund wurde Hirschhornsalz schon vor Jahrhunderten für die Advents- und Weihnachtsbäckerei verwendet.

Tipp:

Für eine perfekte Triebwirkung löst man Hirschhornsalz – ähnlich wie Speisestärke – in etwas Wasser, Milch, Sahne oder Eiweiß auf, bevor man es zum Teig gibt. Der Vorteil ist, dass sich dadurch das Pulver schön gleichmäßig im Teig verteilt und eine optimale Lockerung bringt.

Lebkuchen

HIRSCHHORNSALZ

ZUTATEN:

TEIG:
200 g Honig
250 g brauner Zucker,
150 g Butter
200 g Roggenmehl Type 1150
300 g Weizenmehl Type 405
250 g gemahlene Haselnüsse
250 g gemahlene Mandeln
20 g Lebkuchengewürz
1 Msp. Zimt
20 g Backkakao
7 g Hirschhornsalz
2 Eier (Größe M)
Eigelb und Milch zum Bestreichen

VORBEREITUNG:
Honig und Zucker in einem Topf unter ständigem Rühren langsam erhitzen, bis sich der Zucker vollständig aufgelöst hat. Abkühlen lassen. Butter schmelzen und abkühlen lassen.

ZUBEREITUNG:
Die Mehle in eine Schüssel geben und mit Nüssen, Mandeln, Lebkuchengewürz, Hirschhornsalz, Zimt und Backkakao gut vermischen. Die Honig-Zucker-Masse, die flüssige Butter und die Eier dazugeben und alles mit dem Knethaken des Rührgerätes zu einem glatten Teig verkneten.
Den Teig in Frischhaltefolie wickeln und über Nacht im Kühlschrank ruhen lassen.

Backen:

Den Teig 1 Stunde vor Backbeginn aus dem Kühlschrank nehmen. Den Backofen auf 180 °C Ober-/Unterhitze vorheizen. Backblech mit Backpapier belegen. Den Teig auf einer bemehlten Fläche ca. 10 mm dick ausrollen und gewünschte Formen ausstechen. Auf das Backblech legen, mit Milch und Eigelb bestreichen und auf der mittleren Schiene in vorgeheizten Backofen ca. 10–15 Minuten backen.
Nach dem Erkalten nach Belieben verzieren.

Tipp:

In verschlossenen Dosen sind die Lebkuchen gut drei Monate haltbar und werden immer besser. Sie können also schon gut im Spätherbst für die Weihnachtszeit gebacken werden.

Für ca. 30–40 Stück (je nach Größe)

45 Min. Vorbereitung
Über Nacht Kühlen
30 Min. Zubereitung
20–25 Min. Backen

mittel

>>>>>>>>>>> Pottasche

Kommen wir zum nächsten Mittel für Gebäck, der „Pottasche“.

Ich denke, mit dem Namen wird nicht jeder etwas anfangen können. Man stellt sich darunter vielleicht so etwas wie „Holzasche“ oder „Aktivkohle“ vor. Also etwas Schwarzes, man weiß nicht genau, wie es funktioniert, aber schädlich ist es auch nicht. Jeder hat Asche oder Kohle mal gegessen. Entweder, weil die Kartoffel beim Lagerfeuer in die Glut fiel oder man Kohletabletten bekommen hat, weil der Magen-Darm-Trakt rebellierte.

Ja, der Name klingt ungewöhnlich, die Substanz ist aber sehr gebräuchlich. Pottasche ist weiß und wird schon lange in der Weihnachts- und Adventsbäckerei verwendet. Sie ist eine chemische Substanz, die ursprünglich aus Asche gewonnen wurde. Heute stellt man sie anders her und verwendet sie zur Herstellung von vielen, vielen Dingen: Seife, Farbe, Glas, Medikamente. Früher auch für Fotografie-Chemikalien, für die Entwickler von Filmen.

Ja, aber wieso heißt sie Pottasche? Das ist schnell erzählt. Man hat früher Holzasche oder Asche von verbrannten Algen ausgewaschen, um an die Salze zu kommen. Anschließend wurde diese Salzflüssigkeit in einem großen Pott (niederdeutsch für „Topf“) eingedampft um das Salz zu erhalten. Daher der Name: Die Substanz stammt aus Asche und die Flüssigkeit verdampft in einem Pott. Hat übrigens nichts mit meinem Namen „Pöt“ zu tun. Das ist eine ganz andere Geschichte. Man sagt zu mir ja auch nicht „Pötttt“, sondern „Pöhhht“. Doch zurück zum Thema.

Chemisch genauer bezeichnet ist Pottasche nichts anderes als „Kaliumcarbonat“ (manche sagen auch „Kohlensaures Kalium“), also K_2CO_3. Es ist ein harmloser Stoff, der in beliebiger Menge für Lebensmittel zugelassen ist. Pottasche ist weiß, geruchs- sowie geschmackslos und trägt als Lebensmittelzusatzstoff die Bezeichnung E 501.

Pottasche ist, genauso wie Hirschhornsalz, ein Triebmittel, das sehr stark reagiert und auch mit schweren und kompakten Teigen zurechtkommt. Der Unterschied zwischen den beiden Triebmitteln ist minimal: Hirschhornsalz hat einen prägnanten Geschmack, den man in Printen und Lebkuchen erwartet, Pottasche ist dagegen geschmackslos. Deswegen vermischt man die beiden Substanzen auch oft, um den Geschmack genauer steuern zu können. Beide, Pottasche und Hirschhornsalz, erzeugen gleichermaßen Dauergebäck, das sehr lange lagerfähig ist. Bei beiden Stoffen wird zum Backen eine Säure benötigt: Pottasche und Hirschhornsalz werden beim Backen in ihre Bestandteile zerlegt. Gleichzeitig wird die Säure auch wieder neutralisiert. Wenn also im Rezept von Zitronensaft oder ähnlichen Säuren die Rede ist: bitte nicht weglassen. Sie schmecken die Säure hinterher nicht mehr, aber ohne Säure wird das Backen misslingen.

Die Wirkung und Wirkungsweise ist vergleichbar mit Backpulver. Beide Triebmittel benötigen unter anderem Flüssigkeit und Hitze, um zu reagieren. Oft werde ich gefragt, warum man dann Pottasche und Hirschhornsalz verwendet und nicht gleich

Natron oder Backpulver. Das ist historisch begründet. Backpulver wird aus chemischen Substanzen gemischt und stand erst viel später zur Verfügung als das aus Naturstoffen gewonnene Hirschhornsalz und die Pottasche.

Für das Lagern gilt das Gleiche wie für Hirschhornsalz. Also bitte in einem dicht schließenden Gefäß, in dem es keinen Geschmack oder Geruch annehmen kann. Pottasche ist sehr lange lagerfähig. Sie kann getrost auch noch Jahre nach dem abgelaufenen Mindesthaltbarkeitsdatum verwendet werden. Erhältlich ist Pottasche zur Weihnachtszeit in jedem Supermarkt bei den Gewürzen oder auf den Weihnachtsmärkten. Ansonsten ist Ihnen jede Apotheke ganzjährig behilflich (unter dem Namen: „Kaliumcarbonat“).

Zur Dosierung sollte Pottasche (wie auch Hirschhornsalz oder Stärke) zur besseren Steuerung in einer Flüssigkeit (Wasser, Milch etc.) aufgelöst und erst dann dem Teig zugegeben werden. Pottasche ist eine sehr gute Alternative zu Natron oder Backpulver für Kekse und Plätzchen, bzw. Springerle und Spekulatius. Achten sie aber auf einen ausreichenden Abstand zwischen den Gebäckstücken, da das Gebäck in die Breite geht.

Für 1 Kuchen à ca. 1500 g

45 Min. Zubereitung
3 Std. Ruhezeit
20–25 Min. Backen

einfach

Honigkuchen

POTTASCHE

ZUTATEN:

500 g Honig
500 g Weizenmehl Type 550
6 g Pottasche
20 ml Rum
200 g Haselnüsse, gemahlen
4 Eier (Größe M)
1 TL Zimt
½ TL Gewürznelke, gemahlen

DEKORATION:

100 g ganze Mandeln
1 Eigelb (Größe M)
1 EL süße Sahne
2 EL Mandeln, gemahlen
Aprikosenmarmelade zum Bestreichen

VORBEREITUNG:

Backblech (mit hohem Rand, ca. 40 × 30 cm) mit Backpapier auslegen.
Mandeln in heißem Wasser ca. 2–3 Minuten ziehen lassen. Aus dem Wasser nehmen, abtrocknen und mithilfe von Küchenkrepp aneinander reiben damit sich die Haut löst.

ZUBEREITUNG:

Honig aufkochen und vom Herd nehmen. Das Mehl unterrühren und die Masse etwas abkühlen lassen.
Pottasche in Rum auflösen, mit den Eiern, den gemahlenen Haselnüssen und den Gewürzen unter die Honig-Mehl-Mischung kneten und ca. 3 Stunden ruhen lassen.
Backofen auf 200 °C Ober-/Unterhitze vorheizen.
Den Teig auf das mit Backpapier belegte Backblech streichen und die Mandeln in Abständen von 5 cm in den Teig drücken. Eigelb und Sahne verquirlen und den Kuchen damit bestreichen.

Backen:

Im vorgeheizten Backofen auf der mittleren Schiene etwa 20 Minuten backen. Mit der Aprikosenmarmelade bestreichen und auskühlen lassen.
Vor dem Servieren mit den gemahlenen Mandeln bestreuen.

Florentiner Kekse

HIRSCHHORNSALZ UND POTTASCHE

ZUTATEN:

SCHRITT 1:
125 g Butter
125 g Zucker
3 EL süße Sahne
40 g Honig
18 g Zitronat (fein geschnitten)
18 g Orangeat (fein geschnitten)
75 g Mandelstifte oder gehackte Mandeln
75 g Mandelblätter

SCHRITT 2:
250 g Honig
80 g Zucker
75 ml Wasser
450 g Weizenmehl Type 550
7,5 g Lebkuchengewürz
6 g Hirschhornsalz
6 g Pottasche
3–4 TL Wasser

DEKORATION:
150 g Kuvertüre

VORBEREITUNG:
Backblech mit Backpapier belegen.
Kuchenform mit hohem Rand (ca. 20 × 30 cm) mit Backpapier auslegen und die Ränder hochstehen lassen.
Backofen auf 160 °C Ober-/Unterhitze vorheizen.

ZUBEREITUNG:

Schritt 1:

Alle Zutaten von Schritt 1 bis auf die Mandeln aufkochen, bis sich eine zähe Masse bildet. Die Mandelstifte und -blättchen unterheben. Die Masse in der mit Backpapier ausgelegten Form verteilen und im vorgeheizten Backofen 10 Minuten backen.
Wenn die Oberfläche der Florentinermasse eine goldbraune Färbung hat, aus dem Ofen nehmen.
So lange auskühlen lassen, bis die Florentinermasse sich etwas gefestigt hat. Mit einem Ausstecher (3 cm ∅) Kreise ausstechen.

Schritt 2:

Honig, Zucker und Wasser aufkochen und 10 Minuten abkühlen lassen (auf ca. 50 °C). Mehl und Lebkuchengewürz gut vermischen und dann unter die Honigmasse kneten.
Hirschhornsalz und Pottasche getrennt in wenig Wasser auflösen und nacheinander unter den Teig kneten.
Den Teig 4 mm dick ausrollen und runde Honigplätzchen (5 cm ∅) ausstechen. Im vorgeheizten Backofen ca. 6–7 Minuten backen.
Dann herausnehmen, die Florentinerkreise auf die Honigplätzchen setzen und weitere 6–7 Minuten backen. Aus dem Ofen nehmen und auskühlen lassen.
Die Kuvertüre in einer Schüssel im Wasserbad schmelzen. Die Plätzchen mit der Unterseite und dem Rand in die flüssige Kuvertüre tauchen.

Für ca. 50 Stück

70 Min. Zubereitung
25 Min. Backen

mittel

Physikalisch-mechanische Triebmittel

>>>>>>>>>>> Allgemeines und Geschichte der physikalisch-mechanischen Triebmittel

Liebe Leserin, lieber Leser, eine gemeinsame Geschichte dieser Triebmittel gibt es nicht. Schon deswegen, weil das Feld enorm weit ist und es hier viele Möglichkeiten gibt.

Sicher wurde Wasserdampf schon im frühen Altertum verwendet, weil in jedem Teig natürlich eine Flüssigkeit enthalten ist, meistens Wasser. Wenn nun ein sehr feuchter Brei auf einen heißen Stein gegeben wurde, vielleicht sogar in einen ganz einfachen Backofen aus Ton oder Lehm, wie er heute noch in der dritten Welt oft verwendet wird, so wurde die Oberfläche des Gebäcks schnell fest und damit die Feuchtigkeit der Teigmasse eingeschlossen. Das im Teig enthaltene Mehl besteht aus Eiweiß und Stärke. Der Kleber entstand aus dem Eiweiß des Mehles durch Kneten. Mit steigender Temperatur beim Backen löste sich nun zunehmend die Feuchtigkeit aus dem Eiweiß und ging als Dampf in die Stärke des Teiges über. Das Eiweiß des Klebers oder den Schleimstoffen wurde trockener und das Eiweiß konnte somit fest werden und gerinnen. So entsteht die Krume.

Und was passiert mit dem Dampf? Nun, wie bereits gesagt, der ging in die Stärke über. Da Dampf aber immer mehr Volumen hat als Wasser, wird das Gebäck damit innerlich ebenfalls aufgebläht und ein wenig gelockert. Sicherlich nicht so stark, wie durch Hefe oder Backpulver, aber schon ausreichend.

Aber man sagt doch immer, dass Fladen früher hart waren? Das stimmt auch. Weil man sie nach dem Backen meist trocknete und sie so vor dem Verschimmeln und dem Befall durch Insekten effektiv schützen konnte. Sie wurden dadurch länger haltbar. Und durch die Feuchtigkeit ging der Teig eben ganz leicht auf. Der Fladen hatte nach dem Backen keineswegs die Konsistenz einer Scheibe Holz. Und dank dieses geringen Aufgehens konnte er besonders gut trocknen. Stellen Sie sich zur Veranschaulichung ein Baguette und einen Salzteig vor: Das luftige Baguette ist an der Luft schon nach wenigen Stunden hart, der nicht aufgegangene kompakte Salzteig benötigt Tage. Und dass Wasserdampf alleine einen Teig lockern kann, erkennen Sie am schwedischen Knäckebrot.

Alkohol statt Wasser

Auch mit Alkohol kann man Teig gehen lassen. Der Vorteil gegenüber Wasser ist, dass Alkohol schon früher verdampft. Dazu kommt, dass eine Alkohol-Wasser-Mischung ein geringeres Volumen hat als Alkohol oder Wasser alleine. Sie erheben erstaunt die Augenbraun? Doch, das ist so. Der Chemiker nennt es „Volumenkontraktion“. Was ist das jetzt wieder? Nun, ein erstaunlicher Effekt. Mischt man 52 ml reinen Alkohol mit 48 ml Wasser so erhält man – keine 100 ml, sondern nur 96 ml Flüssigkeit. Und wenn man nun davon ausgeht, dass höherprozentige Alkoholika (zum Beispiel Rum oder Branntwein, Liköre oder Obstwässer) oft um die 50 % Alkohol haben, muss man nicht mal etwas zusammenmischen.

Doch blicken wir zunächst in die Geschichte. Wasser war früher zwar das übliche Getränk, aber nicht ungefährlich. Es konnte mit Keimen verseucht sein, mit anderen Mikroorganismen kontaminiert oder einfach nur verdreckt oder versalzen sein. Besonders, wenn das Wasser lange steht. Aber auch der sauberste Bach wird zu einer braunen Brühe, wenn er Hochwasser führt. Viele Krankheiten beginnen mit verunreinigtem Wasser (damals wohl eher „natürliches, ungereinigtes Wasser"). Wie konnte man sich helfen? Indem man etwas trank, dass erhitzt, gegärt oder anders keimfrei, also haltbar gemacht wurde. Dieses konnte nicht so schnell verderben. Deswegen war es beispielsweise üblich, dass auch Kinder Bier bekamen. Nun war dieses Bier erstens sehr sauer und zweitens nicht so alkoholhaltig wie heute. Seltsam mutet das uns heute trotzdem an. Oder man trank (zum Beispiel auf Schiffen, auf denen ja bei langen Fahrten ein ganz, ganz großes Wasserproblem herrschte) neben mit Essig versetztem Wasser auch höherprozentigen Alkohol. Wahrscheinlich auch, um die Stimmung auf dem Schiff im Griff zu behalten. Wir sehen, die Verwendung von Alkohol diente in früheren Zeiten nicht in erster Linie dem „Genuss", sondern hatte ganz unterschiedliche, praktische Vorteile.

So ist es auch beim Backen: Da ein Teig für Gebäck einen bestimmten Anteil an Flüssigkeit benötigt, dieser aber durch den Einsatz von Alkohol durch Volumenkontraktion ein etwa 5 % höheres Dampfvolumen erzeugt, der Alkohol zudem schneller verdampft und zusätzlich dem Teig Aroma gibt, dann erkennen wir den Vorteil. Der Teig geht stärker auf als mit Wasser alleine. Und wir müssen kein künstliches Rumaroma mehr zugeben. Mehr dazu lesen Sie im Kapitel „Alkoholdampf" (siehe Seite 134).

Und Schaum kann es auch

Kommen wir zum Ei. Auch hier wissen wir nicht, wann genau erkannt wurde, dass Eimasse beim Gerinnen ein größeres Volumen bekommt. Und da sie zusätzlich den Teig schön bindet, war sie sicher schon früh eine beliebte Zutat beim Backen. Aber den Volumenzuwachs des Eies kann man noch erheblich steigern. Wie? Indem man bereits viel Luft in die Eimasse schlägt, bevor sie beim Backen stockt, also fest wird. Ei kann durch seine Bindefähigkeit zu einem recht festen Schaum aufgeschlagen werden.

Aber der Volumenzuwachs lässt sich noch erheblich steigern. Indem man nämlich Eiklar und Eigelb trennt, das Eiweiß stark aufschlägt und vorsichtig hinterher das Eigelb unterhebt. Und es geht noch mehr: Man kann auch noch das Eigelb sehr schaumig schlagen und dann sehr vorsichtig unterheben. So haben wir das Volumen um ein Vielfaches erhöht. Den einzigen Fehler, den wir dabei noch machen können ist, zum Schluss alles zusammen zu stark zu rühren, denn dann verliert die Masse wieder viel von der vorher eingeschlagenen Luft.

>>>>>>>>>>> Wasserdampf

Eine weitere Möglichkeit, einen Teig zu treiben, von der wir leider auch nicht wissen, wann sie entdeckt wurde, ist die Variante der „gefangenen" Dämpfe. „Hui, wie fängt man denn Wasserdampf ein?", höre ich Sie sagen. Gar nicht. Wir machen es andersrum. Wir lassen die Dämpfe gar nicht erst aus dem Gebäck heraus.

Blätterteig

Das funktioniert erstens, indem wir dafür sorgen, dass das Gebäck eine sehr feste Haut bekommt und sich deswegen aufbläht. Das können wir in jedem türkischen Schnellimbiss sehen, wo große Yufka (Fladen) für Dürüm frisch gebacken werden. Schon nach wenigen Sekunden im sehr heißen Ofen bläht sich der Teigfladen auf wie ein Luftballon. Der nächste Schritt wäre, die dünnen Schichten einfach zu vervielfachen. Leider verlieren wir so wieder viel Dampf. Was tun? Nun wir müssen eine Dampfsperre in den Teig einbauen. Und das zwischen jeder Teigschicht. Klingt kompliziert? Ist es nicht. Wir nehmen einfach Butter, die wir (möglichst kalt, damit sie nicht vom Teig aufgenommen wird) auf den Fladen aufbringen und flachdrücken. Und dann falten wir den Teig und drücken ihn wieder breit. Mit jedem weiteren Falten werden die Schichten dünner, verdoppelt sich die Anzahl der Teigschichten, die durch Butterschichten voneinander getrennt sind. Das Ergebnis sind viele Teigschichten mit vielen Dampfsperren dazwischen. Sie wissen sicher inzwischen, wovon die Rede ist: Es ist der Blätterteig. Wenn man diesen nun backt, entweicht das Wasser im Teig als Dampf und möchte entfliehen. Kann er aber nicht, denn er kommt nicht durch die Fettschicht. So bleibt ihm nichts anderes übrig, als die Teigschicht aufzublähen. Und da es viele solche Schichten sind, bekommen wir ein Gebäck, bei denen die Teigschichten aufgebläht und dünn wie Papier sind.

GRUNDTEIG

Der Grundteig für Blätterteig ist ein einfacher Teig aus Mehl, Wasser und Salz. Ganz simpel. Aber er hat noch einen „süßen Bruder": den Plunderteig. Der Plunderteig ist vom Prinzip her auch ein Blätterteig, der aber nicht mit einem simplen Mehl-Wasser-Salz-Grundteig gemacht wird, sondern meist mit einem einfachen Hefeteig. Oft wird er auch mit Eiern und Zucker hergestellt. In der weiteren Herstellung gibt es keine großen Unterschiede zum reinen Blätterteig.

Wenn Sie also einen Plunderteig machen wollen, so nehmen Sie einfach einen Hefegrundteig (ggf. mit Ei und Zucker, je nach Rezept).

ZIEHFETT

Wir haben oben festgestellt: Wenn der Wasserdampf nicht aus dem Teig entweichen soll, benötigt dieser eine Dampfsperre. Hierfür bietet sich Fett an. Das Fett sollte idealerweise aber bestimmte Bedingungen erfüllen. Es muss kalt sein, damit er nicht in den Teig einzieht, und sich auch im kalten Zustand verteilen und ausrollen lassen. Ferner muss es bereits bei Körperwärme (also etwa ab 37 °C) schmelzen, damit er ein angenehmes Mundgefühl ergibt. Fette, die diese Bedingungen erfüllen, nennt man „Ziehfette“. Dazu gehört Pflanzenfett wie auch Butter. Ziehfett auf Pflanzenbasis heißt Ziehmargarine. Sie enthält erheblich weniger Wasser als normale Streich- und Backmargarine. Im kalten Zustand ist sie deswegen fester als diese.

Auch der Reinfett-Ziehbutter wird entweder das Wasser entzogen oder es wird in die Butter Mehl eingeknetet und damit der Anteil der trockenen Masse gegenüber dem enthaltenen Wasser erhöht. So können die Fette bei Temperaturen von 15–18 °C auf die Teigplatten aufgetragen werden, ohne dass die Teigschichten reißen oder vom Fett durchbrochen werden. Die Fettschicht hat etwa die gleiche Konsistenz und Festigkeit wie die Teigschicht. So lässt sich der Teig gleichmäßig auswalzen, ohne dass das Fett in die Teigschicht eingearbeitet wird.

Doch woher bekommt man Ziehfett? Im Supermarkt erhält man es nicht, nur im Bäckereifachhandel oder im Internet. Wer das nicht möchte und sicher gehen will, das die Qualität stimmt, macht sein Ziehfett am besten selbst.

ZIEHFETT HERSTELLEN

Am besten geeignet ist ganz normale Molkerei-Butter. Auf 500 g halbkalte (noch etwas feste) Butter nehmen wir 50 g Weizenmehl (Type 550) und kneten den Teig rasch mit beiden kalten Händen, bis das Mehl ins Fett eingeknetet ist. Achten Sie darauf, dass die Hände und die Butter nicht zu warm sind, da die Butter sonst vom Mehl aufgenommen wird. Das wollen wir nicht. Es soll wirklich Butter mit Mehl sein. Die Menge reicht für rund 1400 g Blätterteig. Das ergibt etwa 14 große Croissants.

Wir formen das Fett zu einer flachen Platte und schlagen sie gut in Klarsichtfolie ein. Zum Weiterverarbeiten lassen wir die Ziehbutter im Kühlschrank für eine gute Stunde ruhen. Wenn wir sie nicht sofort verarbeiten, kann sie gut einige Tage im Kühlschrank bleiben. Ansonsten sollte man die Mehl-Butter-Masse besser einfrieren. So hält sie einige Monate.

GRUNDTEIG HERSTELLEN

Ziehfett alleine reicht nicht, wir brauchen auch den Grundteig. Also machen wir uns den auch ganz schnell. Für 550 g Ziehfett, das wir als Fettplatte schon hergestellt haben, benötigen wir 550 g Weizenmehl (Type 550), 330 ml Wasser und 10 g Salz. Wer einen Plunderteig machen möchte, gibt noch 4–5 g Frischhefe und 50 g Zucker dazu. Das Ganze wird zu einem festen Teig geknetet. Diesen lassen wir rund 30 Minuten ruhen und kneten ihn nochmals gut durch.

Nun haben wir den Grundteig für die Teigschicht und Ziehfett (aus Butter) für die Fettschicht hergestellt. Jetzt müssen wir das Ganze noch zusammenbringen. Also beginnen wir nun mit dem Ausrollen und Falten, in der Fachsprache „Tourieren“ genannt.

Unterschiedliche Blätterteigarten

Vorher möchte ich aber die drei unterschiedlichen Formen des Blätterteiges erklären. Es gibt nämlich drei Arten, wie das Fett eingearbeitet wird:

> Der französische klassische Blätterteig ist ein Blätterteig, bei dem die Fettschichten außen liegen. Das hat den Vorteil, dass dieser Teig nicht austrocknet und das Gebäck sehr knusprig wird. Diese Form

des Blätterteiges ist aber sehr mühsam in der Herstellung, weswegen er heute nur sehr wenig verwendet wird. Wir gehen auf diese Form daher nicht weiter ein.

- Der deutsche Blätterteig gleicht dem französischen, nur liegen die Fettschichten innen und die Teigschichten außen. Das ist der „normale“ Blätterteig, wie er heute auch fertig gekauft werden kann und mit dem wir hier arbeiten.
- Der holländische Blätterteig unterscheidet sich von den anderen beiden Formen dadurch, dass keine Fettplatten zwischen den Teigschichten liegen, sondern ganze, sehr kalte Butterwürfel bereits in den Grundteig eingearbeitet werden. Die Verarbeitung geht schnell, damit das Fett nicht vom Teig aufgenommen wird. Das weitere Tourieren geschieht ähnlich wie beim deutschen Blätterteig (also die Teigplatte mehrfach ausrollen und tourieren).

Aber jetzt beginnen wir mit dem Herstellen!

Deutscher Blätterteig

Den Grundteig rollen wir zu einer Platte von 30 × 40 cm aus. Nehmen Sie bitte ein Lineal und schneiden Sie den Teig mit einem Messer exakt zurecht. Auch die Ecken müssen wirklich eckig und dürfen nicht gerundet sein. Jetzt (und wirklich nur bei diesem ersten Ausrollen) dürfen Sie die abgeschnittenen Teigmengen wieder auf die Platte legen und mit ausrollen. Später legen Sie bitte die Abschnitte zur Seite.

Als nächstes holen Sie das Fett aus dem Kühlschrank und rollen es in der Klarsichtfolie (die Sie von sich weg geöffnet haben) zu einer Platte von 30 × 26 cm aus. Weiter machen wir mit einer „ersten einfachen Tour“.

ERSTE EINFACHE TOUR

Für die erste einfache Tour legen wir die Teigplatte quer vor uns hin. Wenn sie noch nicht ausgerollt ist, so rollen wir Sie auf 30 × 40 cm aus. Von rechts nach links gemessen haben wir also 40 cm. Achten Sie darauf, dass die Ecken nicht rund, sondern schön eckig sind. Unter Umständen müssen Sie die Teigplatten mit einem Lineal nochmal ausmessen und etwas auswalzen, bzw. die Ränder sehr gerade beschneiden (die abgeschnittenen Teigreste legen wir zur Seite). Die Teigoberfläche reinigen wir mit einem Backbesen gut von Mehl. Darauf legen wir die ausgerollte Fettschicht an den linken Rand der Teigschicht. Die Fettscheibe ist genauso breit wie die Teigplatte (30 cm). Von links nach rechts liegt die Fettschicht aber nur auf den linken zwei Dritteln der Teigplatte.

Jetzt beginnen wir mit dem Falten. Das rechte (freie) Teigplatten-Drittel schlagen wir nach links so auf die Fettschicht, dass diese nun zur Hälfte mit Teig bedeckt ist. Auch diese Teigschicht rechts auf der Fettschicht reinigen wir von überflüssigem Mehl. Jetzt klappen wir die nicht mit Teig bedeckte linke Fettschicht-Hälfte nach rechts bis zum rechten Rand der Teigplatte. Es müsste genau aufgehen, wenn wir sauber gearbeitet haben. Wir haben folglich jetzt ein Paket, das aus 2 Schichten Fett und 3 Schichten Teig besteht. Anschließend schlagen wir den Teig wieder in Frischhaltefolie ein und legen ihn für 20–30 Minuten in den Kühlschrank. Das Kühlen ist sehr wichtig, damit das Fett fest bleibt und nicht in den Teig einzieht, sondern eine durchgehende Schicht bleibt. Außerdem kann der Teig so gut entspannen und reißt beim Ausrollen nicht.

NORMALE EINFACHE TOUR

Die einfache Tour wiederholen wir: Wir legen den Blätterteig aus der ersten einfachen Tour wieder quer vor uns und rollen ihn auf 40 cm (quer) × 30 cm aus. Auch hier messen Sie bitte mit einem Lineal aus. Sorgen Sie bitte für exakte Ecken (nicht rund). Schneiden Sie den Rand zurecht, sodass Sie wieder eine eckige Teigplatte haben. Die abgeschnittenen Teile legen Sie bitte zur Seite, wie verwenden Sie später für kleines Blätterteiggebäck. Dann beginnen wir wieder: die Teigplatte gut von Mehl reinigen, den rechten Rand aufnehmen und wieder um ein Drittel nach links umklappen. Die vor uns liegende Teigplatte ist jetzt zur Hälfte (von rechts) bedeckt und wird wieder von Mehl gereinigt. Wie nehmen den linken Rand der Teigplatte und schlagen ihn auf die rechte bereits doppelte Seite. Dann kommt das Teigpaket wieder in Klarsichtfolie und zum Kühlen für 30 Minuten in den Kühlschrank. Als nächstes folgen zwei „doppelte Touren".

DOPPELTE TOUR

Für eine doppelte Tour legen wir die Teigplatte wieder quer vor uns hin. Wenn sie noch nicht ausgerollt ist, so rollen wir Sie auf 30 × 40 cm aus. Von rechts nach links gemessen haben wir also 40 cm. Die Teigoberfläche reinigen wir mit einem Backbesen gut von Mehl und schneiden die Ränder und Ecken wieder sauber zurecht. Die Abschnitte legen wir einfach zu den Abschnitten aus den vorherigen Touren. Den rechten Rand der Teigplatte schlagen wir nach links bis zur Hälfte der ursprünglichen Teigplatte. Auch diese Teigschicht rechts reinigen wir von überflüssigem Mehl. Jetzt klappen wir die linke Teighälfte ebenfalls bis zur Mitte der ursprünglichen Teigplatte (also genau an die Kante der vorher umgeschlagenen rechten Hälfte). Wir reinigen die Oberflächen wieder von Mehl und klappen nun die linke Hälfte der jetzt vorhandenen kleinen Platte auf die rechte Hälfte. Anschließend schlagen wir den Teig wieder in Frischhaltefolie ein und legen ihn wieder für 20–30 Minuten in den Kühlschrank.

Auch die doppelte Tour wiederholen wir bei unserem Blätterteig. Anschließend wird das Blätterteigpaket wieder auf 30 × 40 cm ausgerollt und bis zur Verwendung in den Kühlschrank gelegt.

So einfach ist es, einen Blätterteig herzustellen. Wir können ihn nun vielfältig verwenden, zum Beispiel für Croissants oder Pastetenteig. Sie finden einige schöne Vorschläge in unseren Rezepten.

Aber nicht immer brauchen wir diese ganze Platte Blätterteig. Was machen wir mit dem Rest? Wir falten den Rest einmal übereinander, rollen ihn sauber aus und können ihn nun so einfrieren. So haben Sie immer etwas Blätterteig vorrätig.

Und was machen wir mit unseren Blätterteigrändern, die wir abgeschnitten haben, weil wir ganz gerade Ränder und rechtwinklige Ecken wollten? Es ist kein „echter" Blätterteig, da Anzahl und Dicke der Schichten bei den Resten unterschiedlich sind. Das ist aber egal, denn diese Resteverwertung mit kräftigem Käse gebacken, ergibt leckere Käsestreifen!

1. 500 g kalte Butter und 50 g Mehl rasch verkneten.

2. Die Mehlbutter als Päckchen wieder zum Kühlen in den Kühlschrank stellen.

3. Den gut gekühlten Teig auf Frischhaltefolie dünn zu einem Rechteck ausrollen.

4. Die Mehlbutter auf zwei Drittel der Fläche des Teiges ausrollen.

5. Den Teig ohne Butter von links auf die Butter klappen.

6. Nun den Teig mit der Butter von rechts auf das Paket klappen.

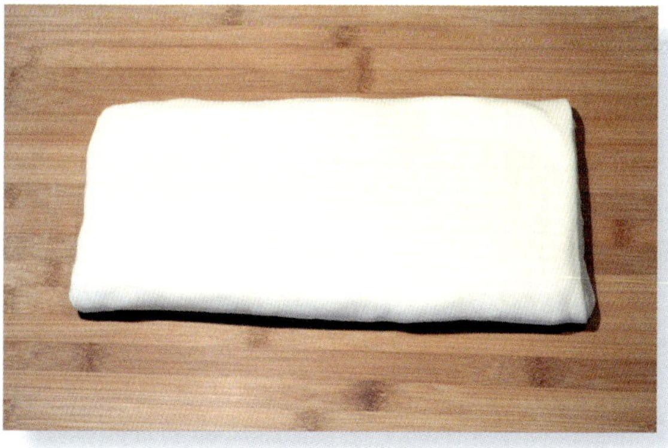

7. So wieder im Kühlschrank gut kühlen.

8. Den Teig quer legen und wieder ausrollen. Anschließend von rechts bis zur Mitte klappen.

9. Den linken Teil ebenfalls bis zur Mitte klappen.

10. Die linke Hälfte komplett auf die rechte Hälfte klappen.

11. Den Teig wieder gut kühlen.

12. Den gut gekühlten Teig wieder ausrollen und zum Schluss über Drittel einschlagen.

Plunderteig

GRUNDREZEPT

ZUTATEN:

TEIG:
500 g Weizenmehl Type 405
5 g Trockenhefe
30 g Zucker
10 g Salz
50 g Butter, zimmerwarm
1 Eigelb
300 ml Milch, kalt

TOURIEREN:
300 g Butter, kalt

VORBEREITUNG:

Mehl, Hefe, Zucker, Salz, Butter, Eigelb und Milch zu einem festen Teig kneten und 30 Minuten gehen lassen.

ZUBEREITUNG:

Dann 5 Minuten in der Knetmaschine zu einem geschmeidigen Teig kneten. Anschließend in einer Schüssel abgedeckt ca. 30–45 Minuten im Kühlschrank ruhen lassen.
Dann nach der Anleitung auf Seite 106 zu einem Plunderteig tourieren.
Nach dem Tourieren kann der Plunderteig zu den gewünschten Gebäckstücken verarbeitet werden.

Für 900 g Plunderteig	30 Min. Gehen 30–45 Min. Ruhen 2 Std. Zubereitung 20–25 Min. Backen	mittel

Für 10 Croissants à 140 g

30 Min. Zubereitung
20–25 Min. Backen

mittel

Blätterteig-Croissants

BLÄTTERTEIG

ZUTATEN:
1400 g Blätterteig
1 Eigelb
1 EL Milch

VORBEREITUNG:
Blätterteig nach Anleitung von Seite 104 zubereiten.
Backblech mit Backpapier belegen.
Eigelb mit 1 Esslöffel Milch verquirlen.
Backofen auf 220 °C Ober-/Unterhitze vorheizen.

ZUBEREITUNG:
Den Teig auf einer leicht bemehlten Arbeitsfläche zu einem Rechteck von 60 × 20 cm ausrollen.
Mit einem Pizzaschneider oder scharfen Messer jeweils 5 spitzwinkelige Dreiecke mit einer Länge von 20 cm und einer Breite von 12 cm schneiden. Auf der gegenüberliegenden Seite der Teigplatte bleiben ebenfalls 5 Dreiecke mit einer Breite von 12 cm übrig.
Die Dreiecke von der unteren, breiteren Seite her nicht zu straff aufrollen und an der Spitze mit Wasser bestreichen und leicht andrücken. Die Croissants (4–5 Stück) auf das mit Backpapier ausgelegte Backblech legen und mit Eigelbmilch bestreichen.

Backen:
Das Backblech mit den Croissants auf der 2. Schiene von unten in den vorgeheizten Backofen schieben und ca. 20–25 Minuten backen.
Aus dem Backofen nehmen und auf einem Kuchengitter auskühlen lassen.

Schweineohren

BLÄTTERTEIG

ZUTATEN:

1400 g Blätterteig
250 g Zucker
200 g Kuvertüre

VORBEREITUNG:

Blätterteig nach Anleitung von Seite 104 zubereiten. Backofen auf 220 °C Ober-/Unterhitze vorheizen.

ZUBEREITUNG:

Arbeitsfläche mit Zucker bestreuen und den Blätterteig von beiden Seiten ca. 5–8 mm dick ausrollen (60 × 20 cm). Die kurzen Seiten jeweils von außen ca. 15 cm zur Mitte hin umklappen. Zum Schluss eine Seite vorsichtig anheben und über die andere legen, sodass die Enden innen liegen.
Mit einem scharfen Messer ca. 1,5–2 cm breite Streifen abscheiden und auf ein mit Backpapier belegtes Blech legen (jeweils 3–4 Stück pro Backblech).

Backen:

Das Backblech leicht mit Wasser beträufeln und mit den Schweineohren auf der 2. Schiene von unten im vorgeheizten Backofen ca. 20–25 Minuten backen. Anschließend auskühlen lassen.
Nach dem Auskühlen, die unteren Bögen in erwärmte, flüssige Kuvertüre tauchen und auf einem Kuchengitter erkalten lassen.

ca. 10–15 Schweineohren (je nach Größe)	30 Min. Zubereitung 20-25 Min. Backen 10 Min. Dekoration	mittel

Pasteten

BLÄTTERTEIG

ZUTATEN:

700 g Blätterteig
2 Eigelb
1 EL Wasser

VORBEREITUNG:

Blätterteig nach der Anleitung auf Seite 104 zubereiten und ca. 0,5 cm dick ausrollen. Eigelbe mit Wasser verrühren.
Backofen auf 170 °C Ober-/Unterhitze vorheizen.

ZUBEREITUNG:

Pastetenböden:

Nun mithilfe einer Ausstechform 6 Kreise (ca. 5 cm ∅) ausstechen. Diese dienen als Böden für die Pasteten.
Auf ein mit Backpapier belegtes Backblech legen, mit Eigelbwasser bestreichen und mehrmals mit einer Gabel einstechen.

Deckel und Wandung:

Aus dem restlichen Teig weitere 18 Kreise (ca. 5 cm ∅) ausstechen. Mit einer kleineren Ausstechform (ca. 4 cm ∅)mittig aus diesen Kreisen kleinere Kreise ausstechen. Die Ringe werden übereinander gestapelt die Wände der Pasteten, die kleinen Kreise dienen als Deckel für die Pasteten.
Immer drei Deckelkreise aufeinander legen und vorsichtig auf 5 cm ∅ ausrollen.
Auf die 6 Pastetenböden werden nun jeweils 3 der entstandenen Ringe gelegt, wobei diese, ebenso wie die Deckel, mit Eigelbwasser bestrichen werden.
Sollte der Teig nicht ausreichen, können die übriggebliebenen Teigreste übereinandergelegt und wieder ausgerollt werden.

Backen:

Die 6 zusammengesetzten Pasteten und die Deckel nebeneinander auf ein mit Backpapier ausgelegtes Backblech setzen. Das Backblech auf der mittleren Schiene in den vorgeheizten Backofen schieben ca. 20 Minuten backen. Anschließend auf einem Kuchengitter auskühlen lassen und nach Belieben füllen.

6 Pasteten à ca. 100 g

45 Min. Zubereitung
15–20 Min. Backen

mittel

Zimtschnecken

PLUNDERTEIG

ZUTATEN:

BUTTERSCHICHT:
250 g kalte Butter
25 g Weizenmehl Type 405

TEIG:
500 g Weizenmehl Type 550
40 g Zucker
10 g Salz
1 Würfel Hefe (42 g)
40 g weiche Butter
1 Ei (Größe M)
250 ml kalte Milch

FÜLLUNG:
100 g Zucker
2 EL Zimt
75 g Butter, geschmolzen

GLASUR:
130 g Puderzucker
6–8 EL süße Sahne
¼ TL Vanillezucker

VORBEREITUNG:
2 Backbleche mit Backpapier belegen.
In einer kleinen Schüssel Zucker und Zimt mischen.

ZUBEREITUNG:
Aus den Teigzutaten einen Plunderteig nach der Anleitung auf Seite 106 herstellen.
Den Teig auf einer bemehlten Fläche zu einem Rechteck mit einer Dicke von etwa 5 mm und einer Breite von 30 cm ausrollen und mit der geschmolzenen Butter bestreichen. An einer der längeren Seiten einen etwa 1,3 cm breiten Streifen frei lassen.
Die Zimt-Zucker-Mischung auf die Butterschicht streuen. Den Teig in Richtung des freien Randes stramm aufrollen. Den Streifen ohne Füllung am Rand mit etwas Wasser bestreichen und die Rolle ganz aufrollen. Jetzt ca. 2,5 cm dicke Stücke abschneiden, etwas flach drücken und mit genügend Abstand auf die Backbleche setzen. Mit Klarsichtfolie locker abdecken und ein letztes Mal für 30–40 Minuten gehen lassen.

Backen:

Den Ofen auf 190 °C Ober-/Unterhitze vorheizen.
Die Schnecken ca. 12–14 Minuten backen, bis sie eine goldgelbe Farbe haben. Auf einem Kuchengitter auskühlen lassen.
Für die Glasur den Puderzucker mit Sahne und Vanillezucker vermischen, auf die noch leicht warmen Schnecken träufeln und trocknen lassen.

Für 18 Stück	50 Min. Zubereitung 2 Std. Ruhezeit 30–40 Min. Gehen 15–20 Min. Backen	einfach

Für ca. 12 Stück	60 Min. Zubereitung 90 Min. Ruhezeit 15–20 Min. Backen	einfach

Schokocroissants

PLUNDERTEIG

ZUTATEN:

VORTEIG:
100 g Weizenmehl Type 550
3 g Frischhefe
80 ml Milch, kalt, 1,5 % Fett

HAUPTTEIG:
400 g Weizenmehl Type 550
38 g Frischhefe
40 g Zucker
10 g Salz
1 Ei (Größe M)
170 ml Milch, kalt,
40 g Butter, zimmerwarm
Mehl für die Arbeitsfläche

TOURIEREN:
250 g Butter, zum Einschlagen (Tourieren)
25 g Weizenmehl Typ 550

FÜLLUNG:
120 g Schokolade, Geschmack nach Belieben

DEKORATION:
1 Eigelb
1 EL Sahne
2 EL Mandelblättchen
Puderzucker zum Bestreuen

ZUBEREITUNG:

Vorteig:

Mehl, Hefe und Milch verrühren und über Nacht bei Zimmertemperatur gehen lassen.
Vorbereitung Backtag:
2 Backbleche mit Backpapier belegen.
200 g Butter mit 20 g Mehl schnell durchkneten und zu einer Platte von 10 × 10 cm formen. In Klarsichtfolie einschlagen und in den Kühlschrank legen.

Hauptteig:

Mehl, Hefe, Zucker, Salz, Ei, Milch und Butter zum Vorteig geben und zu einem glatten Teig kneten.
In eine Schüssel geben, mit Frischhaltefolie abdecken und 1 Stunde bei Zimmertemperatur gehen lassen.
Plunderteig nach der Anleitung auf Seite 106 herstellen.
Den Backofen auf 180 °C Ober-/Unterhitze vorheizen.
Den Teig auf einer leicht bemehlten Arbeitsfläche zu einem Rechteck von 25 × 55 cm ausrollen.
Mit einem Pizzaschneider oder scharfen Messer einmal längs halbieren und quer dritteln. Aus den Rechtecken diagonal jeweils 2 Dreiecke schneiden Diese an der breiteren kurzen Seite mit je einem Riegel Schokolade belegen und zur schmalen Seite hin aufrollen. Die Rollen mit der offenen Seite nach unten auf ein mit Backpapier ausgelegtes Backblech legen und abgedeckt zur doppelten Größe aufgehen lassen.

Backen:

Das Eigelb mit der Sahne verquirlen und die Croissants damit bestreichen. Die Mandelblättchen darüber streuen und die Teilchen im vorgeheizten Backofen auf der mittleren Einschubleiste ca. 25 Minuten backen. Nach dem Backen mit Puderzucker bestäuben.

Brandteig

Eclairs, auch Liebesknochen genannt, Windbeutel, frittierte Churros: wunderbares Gebäck aus Brandteig. Auch Brandteig wird durch Wasserdampf aufgetrieben. Anders als beim Blätterteig bilden sich in diesem Fall aber nicht Schichten, die durch Fettsperren den Dampf festhalten, sondern hier wird die äußere Kruste dampfundurchlässig gemacht. Aus diesem Grund hat Brandteig-Gebäck wenige, aber große Hohlräume im Inneren. Ideal zum Füllen mit Sahne, Schaummassen, Pudding oder Ähnlichem.

Aber viele Menschen scheuen sich vor der Herstellung von Brandteig. Dabei ist er sehr einfach zu machen. Zunächst stellt man eine Masse aus Wasser, Fett und Getreidemehl her (das man im Verhältnis 5 zu 1 mit Mais-, Reis- oder Kartoffelstärke strecken kann). Diese wird dann solange unter dauerndem Rühren stark erhitzt, bis die Stärke im Teig verkleistert und das Mehleiweiß geronnen ist. Am Rand des Kochtopfs und am Boden bildet sich eine dünne weiße Schicht und der Teig löst sich von der Seitenwand. Diesen Vorgang nennt man „Abrösten“ oder „Abbrennen“. Daher kommt der Name „Brandteig”. Er muss dann ein wenig abkühlen. Anschließend wird langsam rohes Ei in die nur noch warme Masse eingeschlagen.

Grundteig Brandmasse

Zutaten:
3 Eier (Größe M)
125 ml Wasser
25 g Butter
1 Prise Salz
75 g Weizenmehl (Type 550)
15 g Speisestärke

ZUBEREITUNG:
Die drei Eier verquirlen. Wasser mit der Butter und dem Salz zum Kochen bringen. Mehl und Stärke mischen und mit einem Mal (!) zur Flüssigkeit gegeben. Anschließend die Masse unter starkem Rühren mit einem Kochlöffel bei hoher Hitze „brennen“. Es dauert etwa eine Minute, bis sich der Teig zu einer Kugel formt, von der Seitenwand löst, glatt wird und sich auf dem Topfboden eine dünne weiße Schicht bildet.

Dann den Topf von der Herdplatte nehmen und abkühlen lassen. Den Teig in eine Rührschüssel geben und mit dem Handrührgerät (Knethaken) auf hoher Geschwindigkeit langsam die drei Eier nach und nach unter den Teig schlagen. Es ist aber wichtig, nicht zu viel Ei unterzurühren. Der Teig hat zum Schluss eine hochglänzende Oberfläche und zieht Spitzen am Knethaken (die nicht wieder zurücksacken). Der Teig muss also noch eigenen „Stand haben“, also nicht flach laufen. Anschließend können weitere Zutaten (Aroma, Käse, Gewürze etc.) untergemischt werden.

Diese Masse wird nun je nach Rezept weiterverarbeitet. Meistens wird sie mittels eines Spritzbeutels als kleine spiralförmige Teigkleckse auf Backpapier portioniert (der Fachmann sagt „dressiert“). Es eignen sich aber auch zwei in Wasser getauchte

Esslöffel, um zum Beispiel nockerlähnliche Teigstücke auf Backpapier zu setzen. Bitte genügend Abstand lassen, da der Teig beim Backen noch aufgeht.

Gebacken wird Brandteig immer heiß (220–250 °C) für 15–20 Minuten in einem sehr gut vorgeheizten Backofen. Es ist wichtig, die Ofentür während des Backens nicht zu öffnen, sondern das Gebäck nur durch das Glas der Ofentüre zu kontrollieren, da das Gebäck sonst zusammenfällt.

Erst wenn es sehr gut ausgekühlt ist, wird das Gebäck mit einem scharfen Messer aufgeschnitten und gefüllt. Brandteig sollte immer frisch gegessen werden. Ungefüllt lassen sich die durchgebackenen Gebäckstücke aber sehr gut einfrieren. Auch das Auftauen ist leicht: Einfach rund eine Stunde bei Zimmertemperatur offen stehend auftauen lassen und anschließend nach Belieben füllen.

Brandteig kann man auch gut zu Krapfen frittieren. Die Masse auf kleine Backpapierzuschnitte von ca 10 × 10 cm spritzen und das Gebäck zusammen mit dem Backpapier in das heiße Frittierfett geben. Das Papier löst sich sehr schnell ab und kann wieder der Fritteuse entnommen werden. Man kann den Teig auch mithilfe eines Spritzbeutels mit Sterntülle direkt ins heiße Fett spritzen. Nach ein- oder zweimal Wenden ist das Gebäck schon fertig und kann zum Abtropfen auf Küchenpapier ausgelegt werden. Noch heiß in Zucker oder Zimtzucker wälzen – und schon können Sie sie sich freuen und bereits die Kaffeemaschine anwerfen oder das Teewasser aufsetzen …

Allerdings gibt es einige typische Fehler, die man beim Brandteig machen kann:

- Der Teig klumpt beim Rühren auf dem Herd? Dann wurde das Mehl nicht mit einem Mal in die Flüssigkeit gerührt.
- Wenn der Teig beim Backen nicht aufgeht, so wurde der Teig nicht ausreichend lange im Topf „abgebrannt“.
- Das Gebäck fällt zusammen? Ich habe gesagt, dass die Ofentür nicht geöffnet werden darf! Oder die Backzeit war zu kurz. Oder der Ofen war nicht genug vorgeheizt.
- Wenn das Gebäck beim Backen auseinander fließt, war zu viel Ei eingerührt. Dem Geschmack schadet das nichts. Es sieht nur etwas unschön aus. Und lässt sich vielleicht nicht füllen. Geben Sie die Füllung oben auf das Gebäck und nennen Sie es anstatt „Windbeutel“ einfach „Oberwind“. Seien Sie kreativ und die Bewunderung für dieses absolut unbekannte Gebäck wird Ihnen sicher sein …

Brandteig

Schritt für Schritt:

1. Wasser mit Butter und Salz und ggf. Zucker aufkochen.

2. Das ganze Mehl mit einem Mal dazugeben und kräftig rühren.

3. Wenn sich der Teig zu einem Kloß formt und sich von den Wänden löst, ist das „Brennen" fertig. Den Teig zu Seite stellen.

4. Gut erkennbar: der weiße Belag an der Schüssel.

5. Das Eigelb unter den abgekühlten Teig rühren und den Teig anschließend in einen Spritzbeutel füllen.

6. Mit dem Spritzbeutel und der großen Sterntülle Kringel (für Windbeutel) …

7. … oder Wellen (für Eclairs) spritzen. Anschließend in den Ofen geben. Brandteig geht erst zum Ende der Backzeit richtig auf.

Spritzkuchen mit Vanillecreme und Zuckerguss

BRANDTEIG

ZUTATEN:

TEIG:
250 ml Wasser
90 g Butter
1 Prise Salz
140 g Weizenmehl Type 405
4 Eier (Größe M)

CREME:
120 g Stärke
600 ml Milch (zimmerwarm)
7 EL Zucker
4 Pck. Vanillezucker
200 g Butter
4 EL Rum

DEKORATION:
50 g Puderzucker
20 ml Zitronensaft

VORBEREITUNG:

Backbleche mit Backpapier belegen.
Backofen auf 220 °C Ober-/Unterhitze vorheizen.

ZUBEREITUNG:

Für den Teig Wasser, Butter und 1 Prise Salz zum Kochen bringen. Mehl hinzufügen und 5 Minuten rühren, bis sich die Masse als Kloß vom Topfboden löst und sich eine weiße Schicht im Topf bildet.
Etwas abkühlen lassen und dann 4 Eier einzeln einarbeiten. Mit einem Spritzbeutel Kreise (ca. 10–12 cm ∅) auf das Backblech spritzen (2 Schichten aufeinander).

Backen:

Im vorgeheizten Backofen auf der mittleren Schiene 15 Minuten backen und dann bei 170 °C Ober-/Unterhitze etwa 10–15 Minuten fertig backen. Wichtig ist, die Backofentür während des gesamten Backens geschlossen zu halten. Das Gebäck auf einem Kuchengitter vollständig auskühlen lassen.

Füllung:

Für die Creme einen Pudding zubereiten: Die Stärke mit 2 Esslöffeln Milch verrühren. Restliche Milch, Zucker und Vanillezucker aufkochen. Angerührte Stärkemilch einrühren, nochmals aufkochen. Butter und Rum unter den noch warmen Pudding rühren und unter gelegentlichem Rühren abkühlen lassen. Danach kurz durchrühren.
Puderzucker mit dem Zitronensaft verrühren.
Die Spritzkuchen horizontal aufschneiden, mit der Puddingcreme füllen und mit der Puderzuckerglasur bestreichen.

Für ca. 20–30 Stück

60 Min. Zubereitung
25–30 Min. Backen

einfach

Mokka-Eclairs

BRANDTEIG

ZUTATEN:

BRANDTEIG:
250 ml Wasser
50 g Butter
1 Prise Salz
2 EL Vanillezucker
180 g Weizenmehl Type 405
4 Eier
3 g Natron

CREME:
1 Vanilleschote
250 ml Sahne
2 TL Espresso-Pulver
4 Eigelbe
100 g Zucker
250 g Butter (zimmerwarm)
150 g weiße Schokolade

DEKORATION:
Puderzucker zum Bestauben

VORBEREITUNG:
Backbleche mit Backpapier belegen.
Backofen auf 200 °C Ober-/Unterhitze vorheizen.

ZUBEREITUNG:

Brandteig:

Wasser mit der Butter, Salz und Vanillezucker aufkochen lassen. Das Mehl auf einmal hineinschütten und sofort bei schwacher Hitze kräftig rühren, bis sich die Masse als Kloß vom Topfboden löst und sich eine weiße Schicht im Topf bildet. Den Teig in eine Schüssel füllen und etwas abkühlen lassen. Dann die Eier einzeln nacheinander unter den lauwarmen Teig rühren, anschließend das Natron untermengen.
Den Brandteig in einen Spritzbeutel mit Sterntülle füllen und auf das Backpapier 15–20 Streifen á 10 cm Länge aufspritzen. Im vorgeheizten Backofen etwa 25 Minuten goldbraun backen. Die Backofentür während dieser Zeit geschlossen halten. Das Gebäck herausnehmen, waagrecht halbieren und auf einem Kuchengitter auskühlen lassen.

Creme:

Für die Creme die Vanilleschote längs aufschlitzen und das Mark herauskratzen. Sahne mit Vanillemark, der Schote und dem Espressopulver aufkochen und ziehen lassen. Die Eier trennen, die Eigelbe mit dem Zucker verrühren, die heiße Sahne unter Rühren zufügen, zurück in den Topf gießen und bei milder Hitze mit einem Gummischaber dicklich rühren, nicht kochen lassen. Dann durch ein Sieb passieren und auf Zimmertemperatur abkühlen lassen.
Die Butter mit dem Rührgerät ca. 10 Minuten dick und schaumig schlagen, sie soll weiß wie dicke Sahne sein, dann die Vanillecreme nach und nach unter die

Butter rühren. Die weiße Schokolade über einem heißen Wasserbad schmelzen und unter die Creme ziehen. In einen Spritzbeutel mit Sterntülle füllen, auf die unteren Hälften der Eclairs spritzen und die Deckel aufsetzen.
Mit Puderzucker bestaubt servieren.

Für ca. 20 Stück

60 Min. Zubereitung
25–30 Min. Backen

einfach

Mürbeteig

Es gibt ein Teig, der allen Teig- und Back-Regeln widerspricht. Er darf keinen Kleber bilden, er weist einen sehr hohen Fettgehalt auf, aber das Fett darf nicht in das Mehl geknetet werden, er hat kein Triebmittel (so scheint es erst einmal), er muss sehr schnell zubereitet werden und Wärme ist gar nichts für ihn, denn er verlangt kalte Zutaten und will auch so kalt wie möglich zubereitet werden. Wird der Teig während der Zubereitung zu warm, muss man ihn erst einmal im Kühlschrank wieder gut kühlen.

Ich spreche vom Mürbeteig. Er ist ein sehr einfacher Teig, der aber erstaunliche Ergebnisse liefert: krachende Kekse, mürbe und knusprige Kuchengrundlagen. Da ist der Mürbeteig zuhause. Die einfache Formel für ihn lautet: 3-2-1. Manche sagen auch 3-2-1-1. Das bezieht sich auf den Anteil an Weizenmehl, Butter und Zucker. Die zweite Eins bezieht sich auf das Ei (das ebenfalls benötigte Salz wird in der Eselsbrücke für den Mürbeteig nicht berücksichtigt).

Grundteig Mürbeteig

Zutaten:
300 g Weizenmehl Type 405
200 g Butter (sehr kalt und in Flocken)
100 g Zucker
1 Ei (Größe M)
1 TL Salz

ZUBEREITUNG:
Alles mit kalten Händen sehr schnell zu einem glatten Teig vermischen (geht auch mit einem Knethacken). Die Butter darf nicht warm werden, weil sie dann vom Mehl aufgenommen wird. Bitte wirklich nicht lange Kneten, weil sich sonst Kleber bildet (der das ganze Gebäck gummiartig machen würde). Danach sofort in Klarsichtfolie einschlagen und für mindestens 1 Stunde in den Kühlschrank legen.

Fertig ist der Grundteig. Alles, was jetzt kommt, hängt von der weiteren Verwendung ab (Springform auskleiden zum Blindbacken, Ausrollen und Formen ausstechen für Kekse etc.). Je nach Wunsch kommen auch andere Zutaten hinzu oder werden weggelassen (Aromen und Dekoration für Kekse, ohne Zucker für Quiche und Pasteten).

Blindbacken

Oft möchte man einen Kuchenboden haben, der erst später belegt und nicht mehr gebacken wird. Oder man möchte den Mürbeteig mit einer sehr feuchten Masse belegen, wodurch der rohe Teig durchnässen würde. Hier empfiehlt sich das Blindbacken. Man drückt dabei den Teig in eine eingefettete und mit Semmelbröseln ausgekleidete Form, bildet wenn gewünscht einen Rand. Da der Boden nicht aufgehen soll, sticht man ihn mehrfach mit einer Gabel ein. Dann legt man ein Backpapier in passender Größe auf den Teigboden und beschwert es mit rohen Linsen, Erbsen, Bohnen, trockenem Reis oder Ähnlichem. Nach dem Backen (im vorgeheizten Ofen 10 Minuten bei 200 °C Ober-/Unterhitze) entfernt man Backpapier und Hülsenfrüchte oder Reis (diese aufbewahren und beim nächsten Mal wieder verwenden). Gegen das Durchnässen kann man den Boden noch mit einer dünnen Fruchtmasse bestreichen und erst anschließend mit Obst belegen.

Oft ist das Blindbacken mit Bohnen o. Ä. nicht nötig, sondern man bäckt in der Form „auf dem Kopf“, das heißt, man backt den Teig in einer Negativform, bei der das Mittelteil bereits erhaben ist. Dann wird nach dem Backen (auch im vorgeheizten Ofen 10 Minuten bei 200 °C Ober-/Unterhitze) das Gebäck vorsichtig gestürzt – die richtige Form zum Belegen wurde durch die Innenseite der Backform bereits ausgeformt.

Französische Tartes und Quiches werden meistens ebenfalls nicht blindgebacken, sondern die Kuchen-, Obst-, Eier- oder Quichemasse wird in die mit dem Mürbeteig ausgekleidete Form gegeben und alles wird zusammen gebacken. Diese backen meist im vorgeheizten Ofen 60 Minuten bei 180 °C Ober-/Unterhitze. Details stehen bei den Rezepten.

Aber enthält der Mürbeteig wirklich keine Triebmittel?

Jein. Einerseits liefert das Fett dem Teig Feuchtigkeit, diese treibt den Teig etwas. Beim Backen schmilzt dann das Fett und hinterlässt so „Löcher“ im Teig. Das Mehl gerinnt dadurch, dass das Fett eine höhere Temperatur als 100 °C erreichen kann und das schmelzende Fett die einzelnen Mehlpartikel gleichzeitig verbindet und das Eiweiß zum Gerinnen bringt.

Für ca. 50–60 Vanillekipferl (je nach Größe)	10 Min. Vorbereitung 12 Std. Ruhe 60 Min. Zubereitung 10–12 Min. Backen 10 Min. Dekoration	einfach

Vanillekipferl

BACKPULVER-MÜRBETEIG

ZUTATEN:

TEIG:
250 g Weizenmehl Type 405
½ Pck. Backpulver
125 g Zucker
200 g Butter (kalt)
2 Eigelbe (Größe M)
1 Pck. Vanillezucker
1 Vanilleschote, Mark ausgekratzt
1 Prise Salz
125 g Mandeln, gemahlen

DEKORATION:
100 g Puderzucker
3 Pck. Vanillezucker

VORBEREITUNG:
Backblech mit Backpapier auslegen.
Puderzucker mit Vanillezucker mischen

ZUBEREITUNG:
Zutaten für den Teig gut mischen und rasch zu einem Mürbteig kneten.
Den Teig halbieren und zu zwei Rollen mit 4–5 cm Durchmesser formen bzw. rollen, in Klarsichtfolie wickeln und über Nacht in den Kühlschrank legen.
Den Backofen auf 170 °C Ober-/Unterhitze vorheizen.
Von der ersten Rolle 1 cm dicke Scheiben abschneiden. Diese mit der auf Hand 5–6 cm lang ausrollen und zu Hörnchen formen. Anschließend in einem Abstand von ca. 2–3 cm auf das Backblech setzen. Wenn der Teig zu weich ist, wieder in den Kühlschrank legen und mit der anderen Teigrolle weitermachen. Wenn das Blech voll ist, dieses sofort in den vorgeheizten Backofen schieben. Dann das nächste Backblech befüllen.

Backen:

Das Backblech auf der mittleren Schiene in den vorgeheizten Backofen schieben und ca. 10–12 Minuten backen. Anschließend aus dem Ofen nehmen und die Kipferl noch möglichst heiß im Vanille-Puderzucker wenden und auf einem Kuchengitter auskühlen lassen.

>>>>>>>>>>> Alkoholdampf

Schauen wir uns nun den interessanten Punkt näher an, den wir bereits im Kapitel „Allgemeines und Geschichte der physikalisch-mechanischen Triebmittel“ angesprochen haben.

Kurz zur Erinnerung: Auch mit Alkohol kann man Teig gehen lassen. Der Vorteil gegenüber Wasser ist, dass Alkohol schon früher verdampft. Dazu kommt, dass eine Alkohol-Wasser-Mischung ein geringeres Volumen hat, als Alkohol oder Wasser alleine (Stichwort „Volumenkontraktion“, siehe Seite 102). Zusätzlich kommt, wie bereits beschrieben, der Vorteil, dass wir durch die Verwendung von Alkohol eine Volumenerhöhung berücksichtigen können (denn die Flüssigkeitsmenge im Teig muss ja nachgesteuert werden), die zu mehr Dampf führt.

Außerdem kann durch Zugabe von bestimmten Alkoholika der Geschmack beeinflusst werden. Kuchenböden, die anstelle von Flüssigkeit beispielsweise Eierlikör oder Kirschwasser enthalten, bleiben trocken (sie werden ja nicht mit dem Alkohol getränkt) und haben doch den deutlichen Alkoholgeschmack.

Der dritte Vorteil von Alkoholdampf liegt darin, dass Alkohol nicht erst bei 100 °C siedet, sondern bereits bei etwas über 78 °C. Was heißt das jetzt für uns? Nun, wir müssen etwas Chemie und Physik kombinieren. Als erstes müssen wir uns klar machen, dass eine Flüssigkeit unter normalen Verhältnissen nie heißer werden kann als der Siedepunkt. Wasser wird also maximal 100 °C heiß. Und hat an diesem Punkt seine maximale Dampfentwicklung (deswegen pfeift ja auch Omas Wasserkocher, wenn das Wasser zu kochen beginnt).

Wenn man eine höhere Temperatur erreichen will müssen wir dafür die Umgebung des Wassers verändern. Es muss mehr Druck haben. Das Prinzip Dampfkochtopf zeigt, wie man das erreichen kann: Man erhöht den Druck im Topf (genialerweise durch den Wasserdampf) zum Beispiel auf das 1,3fache (130 kPa) der Normalatmosphäre auf Meeresspiegelhöhe und schon kocht das Wasser im Topf erst bei 108 °C. Oder man erhöht es auf das 1,8fache (180 kPa) und erhöht den Siedepunkt des Wassers dadurch auf 117 °C.

Andersherum funktioniert es auch: Je höher wir einen Berg hinaufgehen, umso tiefer ist der Siedepunkt von Wasser. Auf Meereshöhe siedet Wasser bei 100 °C. Auf 1000 Meter Höhe schon bei 96,6 °C. In 2000 Meter sind es 93,3 °C. Auf dem Mount Everest sind es nur noch etwa 70 °C. Und hier beginnt beim Backen ein Problem. Dazu müssen wir ein wenig ins Detail gehen.

Was ist eigentlich Backen? Backen bedeutet, dass ein Teig, der aufgegangen ist, durch Einwirkung von Hitze gefestigt wird. Dieses „Festigen“ ist nichts anderes als Gerinnen. Es gerinnt das Eiweiß, das im Mehl vorhanden ist. Dieses Eiweiß hat während der Teigherstellung die meiste Flüssigkeit aufgesogen. Aus dem Eiweiß entstand durch die Bearbeitung des Teiges der „Kleber“. Denn der zweite wichtige Stoff im Mehl, die Stärke, kann im kalten Zustand keine Flüssigkeit aufnehmen. (Naja, manche Stärke schon ein wenig, aber das vernachlässigen wir jetzt mal.) Wenn nun der Teig in den Ofen geschoben wird, kommt es zu einer interessanten Wechselwirkung zwischen Kleber, Wasser und Stärke: Die Flüssigkeit verdampft aus dem Kleber und die Stärke beginnt, den Dampf aufzunehmen. Denn in Form von Dampf kann die Stärke Wasser aufnehmen. Das Spiel geht bis rund 94 °C. Dann ist die gesamte Flüssigkeit des Klebers verdampft und in die Stärke übergegangen. Das Eiweiß wird trocken und kann endlich gerinnen. Ergo: Der Teig ist durchgebacken. Es ist zu Brot, Brötchen oder Kuchen geworden.

Ab 2000 Metern Höhe klappt das Ganze nicht mehr, da der Teig keine Temperatur von 94 °C mehr erreichen kann (Wasser wird ja nur maximal bis zum Siedepunkt heiß und der liegt auf dieser Höhe bei 93,3 °C). Das heißt, dass nicht mehr alle Flüssigkeit aus dem Kleber verdampfen kann. Deswegen kann das Eiweiß im Kleber nicht mehr komplett gerinnen: der Teig kann nicht durchgebacken werden. Er bleibt klitschig. Ein Grund, warum Bergvölker keine Brote kennen, sondern höchstens Fladen backen.

Ich werde oft gefragt, ob man ein nicht genug durchgebackenes Brot nachbacken kann. Nein, das kann man nicht. Denn, wir haben es oben gelernt, es kommt nicht darauf an, dass eine ausreichende Menge Wärme in den Teig kommt, sondern dass an jeder Stelle des Brotes eine Temperatur von mindestens 94 °C erreicht wird. Man müsste ein nicht durchgebackenes Brot also noch einmal so lange backen, bis man 94 °C erreicht. Dabei würde aber die Kruste so hart werden, dass man ohne eine Flatrate beim Zahnarzt in Geldnot kommen könnte. Also: geht nicht.

Setzen wir aber nun in die obige Gleichung den Alkohol ein. Das, was bei Wasser im Temperaturbereich zwischen Raumtemperatur und 94 °C stattfindet (Verdampfen und Übertragen der Flüssigkeit aus dem Eiweiß in die Stärke, anschließend Gerinnen des Eiweißes) ist bei Alkohol im Bereich von Raumtemperatur bis 78 °C. Es findet also im unteren Temperaturbereich eine erheblich stärkere Triebwirkung statt.

Als Beispiel werden wir zwei Rezepte vorstellen. Diese sind aber sehr alkohollastig und auch das fertige Gebäck enthält noch Alkohol. Daher sind sie für Erwachsene, die keinen Alkohol trinken wollen oder dürfen, besonders trockene Alkoholiker, und natürlich auch für Kinder nicht geeignet. Und nein, es verdampft nicht der ganze Alkohol während des Backens. Auch wenn es gerne immer wieder behauptet wird: Rotweinsoße wird durch Aufkochen auch nicht alkoholfrei. Nach 15 Minuten sprudelnd Kochen sind immer noch mehr als 40 % des Alkohols in der Soße enthalten.

Für 1 Kuchen à ca. 1600 g

30 Min. Zubereitung
60 Min. Backen
10 Min. Dekoration

einfach

Herrenkuchen

ALKOHOL

ZUTATEN:

TEIG:
450 g Weizenmehl Type 405
50 g Kakaopulver
100 g gemahlene Haselnüsse
4 Eier (Größe M)
200 g Zucker
1 Pck. Vanillezucker
1 Prise Salz
250 g Butter
100 ml Rum
150 ml Kaffee, Cappuccino oder Espresso (kalt)
100 ml Milch
50 g Kakaopulver
1 EL Wasser
Fett und Mehl für die Form

DEKORATION:
100 g Kuvertüre
50 g gehackte Mandeln

VORBEREITUNG:
1 Gugelhupfform gut einfetten und mit Mehl ausstäuben.
Backofen auf 180 °C Ober-/Unterhitze vorheizen.
Mehl, Kakaopulver und gemahlene Haselnüsse gut mischen.
Eier trennen, Eiweiß kalt stellen.
Zucker, Vanillezucker und Salz mischen.

ZUBEREITUNG:
Die Butter schaumig rühren. Die Eigelbe und die Zuckermischung abwechselnd zugeben und weiterrühren, bis sich der Zucker aufgelöst hat.
Mehlmischung abwechselnd mit dem Rum, Kaffee und der Milch unterrühren.
Eiweiß mit Wasser steif schlagen und vorsichtig unterheben. Die Masse in die Gugelhupfform füllen.

Backen:
Den Kuchen auf der mittleren Schiene im vorgeheizten Backofen ca. 60 Minuten backen. (Stäbchenprobe!)
Nach dem Backen den Kuchen leicht auskühlen lassen, aus der Form und auf einem Kuchengitter vollständig auskühlen lassen.

Dekoration:
Kuvertüre in einer Schüssel über dem Wasserbad schmelzen und leicht abkühlen lassen, sodass sie noch flüssig ist. Den Kuchen mit der Kuvertüre bestreichen, mit den gehackten Mandeln bestreuen und auskühlen lassen.

Eierlikörkuchen

ALKOHOL

ZUTATEN:

TEIG:
4 Eier (Größe M)
200 g Zucker
1 Pck. Vanillezucker
1 Prise Salz
250 g Weizenmehl Type 405
100 g Speisestärke
250 g Butter oder Margarine
300 ml Eierlikör
Fett und Mehl für die Form

DEKORATION:
125 g Puderzucker

VORBEREITUNG:
1 Gugelhupfform gut einfetten und mit Mehl ausstäuben.
Backofen auf 170 °C Ober-/Unterhitze vorheizen.
Eier trennen, Eiweiß kalt stellen.
Zucker, Vanillezucker und Salz mischen.
Mehl und Speisestärke gut mischen.

ZUBEREITUNG:
Die Butter schaumig rühren. Die Eigelbe und die Zuckermischung abwechselnd zugeben und weiterrühren, bis sich der Zucker aufgelöst hat.
Mehlmischung abwechselnd mit dem Eierlikör unter die Buttercreme rühren. Eiweiß mit Wasser steif schlagen und vorsichtig unterheben.
Den Teig in die Gugelhupfform füllen.

Backen:
Den Kuchen auf der 2. Schiene von unten im vorgeheizten Backofen ca. 60 Minuten backen. Am Ende der Backzeit unter Umständen mit Alufolie abdecken, damit er nicht zu dunkel wird.
Den Kuchen in der Form etwa 10 Minuten ruhen lassen.
Dann aus der Form nehmen und ganz auskühlen lassen.
Mit Puderzucker bestäuben.

Für 1 Kuchen à ca. 1400 g

30 Min. Zubereitung
60 Min. Backen
5 Min. Dekoration

einfach

>>>>>>>>>>> Eingeschlagene Luft

Eischaum

Wir haben es im Kapitel „Allgemeines und Geschichte der physikalisch-mechanischen Triebmittel“ schon gelesen: Eier sind eine hervorragende Möglichkeit, ein lockeres Gebäck zu erzielen. Aus zwei Gründen: Eier haben eine hohe Bindekraft und können deshalb sehr stark schaumig geschlagen werden. Eischnee, egal, ob Eiklar und Eigelb zusammen oder getrennt aufgeschlagen und dann untergehoben werden, ist recht fest und verflüssigt sich erst nach längerer Zeit wieder. Und zweitens besteht der Eischnee zu einem großen Teil aus Eiweiß (gemeint ist damit „Protein“, nicht das Eiklar), das bei Hitze stockt (also fest wird) und so beim Backen einen stabilen Eischnee bildet. Genau das, was wir für das Innere eines Gebäcks brauchen.

Nun klingt es sehr einfach, Eier, Eiklar und Eigelb schön schaumig zu schlagen. Und doch kann man dabei einiges falsch machen. Für viele Arten von Gebäck (Biskuit- oder Baisermassen, Zabaglione oder Soufflés) ist ein richtig aufgeschlagener Eierschaum wichtig, deswegen schauen wir uns die einzelnen Punkte mal genauer an.

Luft

Eingeschlagene Luft macht eine Masse besonders locker. Also braucht man viele kleine Luftbläschen, damit man später eine feine und gleichmäßige Porung bekommt. Und: je mehr Luft eingeschlagen wird, desto luftiger wird die Masse später. In einigen Gebäckformen wie Biskuitböden ist das besonders wichtig.

Eiklar kann man besonders gut und stark aufschlagen, wenn man es vorher sauber vom Eigelb trennt. Wichtig ist hier vor allem, dass das Eiklar fettfrei bleibt, da es nur ohne Fett sehr steif wird. Weil das Eigelb zu einem Drittel aus Fett besteht, wird Eiklar und Eigelb, das gemeinsam geschlagen wird, kein so hohes Volumen bekommen wie Eiklar alleine.

Konsistenz

Schaum aus Eiklar erfüllt, wenn er richtig aufgeschlagen ist, zwei Eigenschaften:

- Der Eischnee ist glatt und cremig. So können wir ihn am besten unter andere Massen heben oder andere Zutaten in den Eischnee mischen.
- Der Eischnee ist kleinporig. So ist er am stabilsten und fällt nicht mehr so schnell zusammen.

In diesem Zustand ist der Eischnee ideal.

Wie kann man das erkennen? Indem man den Schneebesen der Küchenmaschine aus dem Schnee herausziehen und eine Schneespitze stehen bleibt, bzw. sich am Schneebesen eine nach unten gerichtete, feste Spitze bildet und so bleibt. Hören Sie dann aber bitte auch auf, den Schaum zu schlagen, da er sonst überschlagen wird.

Bei ganzen Eiern ist es ähnlich, nur wird die Schaummasse nicht so fest sein und die Schneespitzen sich ein wenig zurückbilden. Es sollte aber keine Masse vom Schneebesen heruntertropfen.

Frische

Die Eier sollten einerseits frisch sein, andererseits auch erst unmittelbar vor dem Gebrauch aufgeschlagen werden. Eigelb oder Eiklar, der schon länger im Kühlschrank steht, lässt sich nicht mehr gut schaumig schlagen.

Sauberkeit

Wir haben es bereits oben angesprochen, dass für einen perfekten Eischnee das Eiklar sauber vom Eigelb getrennt sein muss. Fett und feinste Spuren von Spülmittel, auch am Schneebesen oder in der Schüssel, müssen peinlich genau entfernt worden sein. Lieber noch einmal mit klarem und heißem Wasser nachspülen.

Salz und Zucker

Salz und auch Zucker haben zwei Vorteile für einen festen Eischnee (egal, ob aus reinem Eiklar, Eigelb oder kompletten Eiern): Zuerst bilden sie einen Kristallationskern, an dem die Schneebildung gut beginnen kann (da reicht schon eine kleine Prise), beide Zutaten sind zudem auch feuchtigkeitsbindend (der Fachmann nennt es „hygroskopisch“). So wird der Schnee trockener und damit stabiler.

Wenn eine größere Menge Zucker in den Eischnee gegeben werden soll, so empfiehlt es sich, am Anfang nur wenig Zucker beizugeben und dann während des Schlagens rasch nach und nach den Rest. Wenn Zucker in die Eimasse zugegeben wird, besteht weniger die Gefahr, dass der Schnee überschlagen wird.

Dauer des Schlagens bei Eiklar

Am häufigsten werden Fehler bei der Dauer des Aufschlagens gemacht. Dabei ist gerade dieser Punkt ausgesprochen wichtig, damit der Schaum stabil, großvolumig und nicht überschlagen wird. Grundsätzlich gilt, dass der Schaum nicht zu kurz aufgeschlagen werden darf, da er dann wieder schnell flüssig wird, nicht standstabil ist und zu wenig Volumen besitzt. Man erkennt es sowohl daran, dass man keine „Spitzen ziehen“ kann, wenn der Schneebesen aus der Masse herausgehoben wir. Die Masse wirkt irgendwie „schmierig“ und enthält nur wenige kleine Bläschen. Aus Angst, das Ei zu lange aufzuschlagen passiert es immer wieder, dass es zu kurz geschlagen wird.

Wird das Eiklar zu lange geschlagen, so wird es flockig-griesig und wieder instabil. Die Oberfläche wirkt irgendwie „rau“. Dieser Eischnee ist nicht mehr zu retten.

Idealerweise geht man bei Eiklar folgendermaßen vor: eine Prise Salz oder Zucker zum Eiklar geben und dann stark aufschlagen. Wenn im Rezept vorgesehen, dann den restlichen Zucker zugeben und kräftig weiterschlagen. Sobald die Masse beginnt, weißlich zu werden, das Schlagen unterbrechen und mittels „Spitzen ziehen“ den Zustand kontrollieren. „Spitzen ziehen“ bedeutet, dass man den Schneebesen nach oben aus dem Eischnee zieht. Es müssen sich sowohl am Schneebesen, wie auch am Eischnee in der Schüssel Spitzen bilden, wenn die Masse auseinander reißt. Die Spitzen müssen stehen bleiben, also sich nicht wieder zurückziehen. Wenn der Schnee noch keine ausreichenden Spitzen zieht, kurz weiterschlagen und wieder kontrollieren, falls nötig, öfter wiederholen.

Dauer des Schlagens bei ganzen Eiern und Eigelb

Die Gefahr des Überschlagens ist hier sehr viel geringer als beim Eiklar. Auch dauert das Aufschlagen generell viel länger. Hier mit ein wenig Salz oder Zucker beginnen und (wenn der Eimasse Zucker zugegeben werden muss), den restlichen Zucker recht rasch, aber nach und nach während des Schlagens zugeben. Auch hier kann die Festigkeit durch „Spitzen ziehen" kontrolliert werden. Die Spitzen sind aber nicht so deutlich wie beim Eiklar-Schaum.

Eier getrennt schlagen oder das gesamte Ei zusammen schlagen?

Wenn im Rezept nur von Eischnee aus Eiklar oder nur von schaumig gerührtem Eigelb die Rede ist, so ist es klar, dass das Ei getrennt wird. Aber wie soll man es machen, wenn man eine schön stabile Schaummasse haben möchte, die aus dem ganzen Ei geschlagen werden soll? Erst trennen, getrennt schlagen und dann unterheben, oder gemeinsam schlagen? Was ist besser?

Ich empfehle, Eiklar und Eigelb zu trennen, das Eiklar mit etwas Salz (oder auch Zucker) stark aufzuschlagen und anschließend das Eigelb mit dem Rest Zucker zu Schaum schlagen. Anschließend den Eischnee vorsichtig unter die Dotterschaummasse heben. Sie wollen noch einen Trick? Dann achten Sie auf die Temperatur ...

Temperatur beim Schlagen

Ganz besonders stabil wird Eischnee aus Eiklar, wenn er im Wasserbad während des Aufschlagens erwärmt wird. So nimmt die Schaummasse auch mehr Zucker, oder für Wiener Masse später mehr Fett oder für Zabaglione mehr Flüssigkeit auf. Wenn der Eischnee beginnt anzudicken, wird die Masse langsam und vorsichtig ohne Wasserbad weiter geschlagen, bis sie wieder abgekühlt ist. So entsteht eine feine Emulsion. Der Schaum steht sehr lange und verläuft nicht so schnell wieder.

Weiterverarbeitung

Abgesehen von „warm-kalt-geschlagenem" Eischäumen kann der Schaum mit der Zeit wieder zerfließen und Wasser abgeben. Er verliert so seine Standfestigkeit. Deswegen sollte die Masse umgehend weiterverarbeitet werden. Beim weiteren Verarbeiten aber bitte sorgfältig sein und die Masse nur mit Vorsicht umrühren oder unterheben. Sonst platzen die sorgsam eingeschlagenen Luftblasen wieder.

1. Ein wenig Salz oder Zucker hilft enorm, dass das Eiklar gut steif wird.

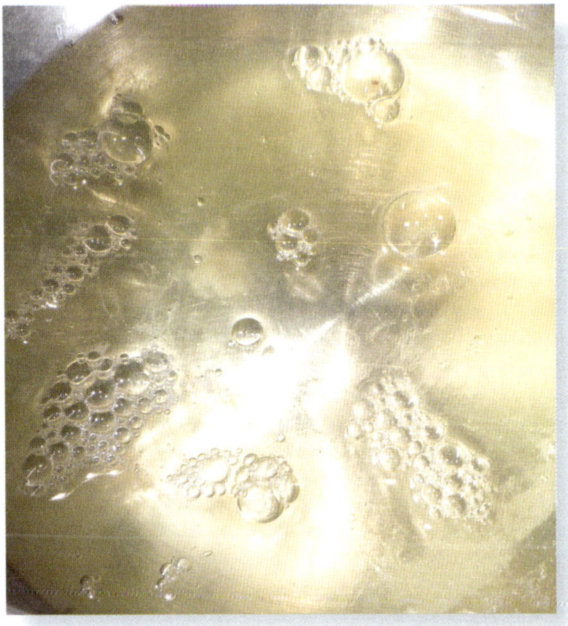

2. Frisches Eiklar – nicht kalt aber frisch.

3. Das Eiklar kräftig und schnell schlagen.

4. Ein perfekter Eischnee (aber bitte nicht überschlagen!).

5. Bei der Weiterverarbeitung hat der Eischnee einen stabilen Stand.

Biskuit-Teig

Ein ganz traditioneller Teig mit aufgeschlagenem Ei ist der Biskuitteig. Als Grundlage für feinste Back- und Konditorwaren, als Tortenboden, für Biskuitrollen und Törtchen, ist er sicher jedem in Erinnerung.

Woher kommt diese feine Fluffigkeit, das Gebäck, das scheinbar fast nichts wiegt und so zerbrechlich scheint? Richtig: aus der geschlagenen Eimasse.

Also machen wir uns ans Grundrezept (für ein Blech oder einen hohen Biskuitboden in der Springform, den man zu Tortenböden teilen möchte):

Grundteig

3 Eier (Größe M)
125 g Zucker
75 g Weizenmehl (Type 405)
50 g Speisestärke (Reis-, Mais- oder Kartoffelstärke)

Je nach Wunsch Springform oder Backblech mit Backpapier auslegen. Mehl mit Stärke gut mischen. Backofen auf 200 °C Ober-/Unterhitze vorheizen. Erst weiterarbeiten, wenn der Ofen heiß ist, da Biskuitteig es eilig hat.

Eier sauber trennen, das Eiweiß zu Eischnee schlagen und dabei etwa die Hälfte des Zuckers einrieseln lassen. Eigelb ebenfalls schlagen und den Rest des Zuckers unterschlagen. Eischnee und Eigelb-Schaum vorsichtig untereinander heben.

Mehl und Stärke durch ein Sieb auf die Eimasse geben und mit einem Schneebesen vorsichtig per Hand unterziehen, sodass der Teig schön luftig bleibt.

Die Biskuitmasse sofort in die Form oder auf das Blech geben und glatt streichen.

Biskuitteig im Backofen bei 200 °C Ober-/Unterhitze ca. 10 Minuten hell backen. Für eine Biskuitrolle den Biskuitteig noch heiß vom Blech auf ein mit Zucker bestreutes Küchenhandtuch stürzen. Backpapier sofort abziehen, da es nur schwer gelöst werden kann, wenn der Teig bereits ausgekühlt ist. Oft hilft es beim Abziehen, wenn man das Backpapier anfeuchtet.

Eigentlich war es das. Umständlich? Nicht wirklich, oder?

1. Eidotter (also ohne Eiklar) im heißen Wasserbad aufschlagen.

2. Gut zu erkennen: Die Teigschüssel steht in einem Topf mit heißem Wasser.

3. Eigelb schlagen, bis eine weiche majonaiseartige Konsistenz erreicht ist. Das kann 15 Minuten dauern.

4. Der Eischnee unter das geschlagene Eigelb heben.

5. Zum Schluss das Mehl vorsichtig in kleinen Portionen unter die Eimasse heben.

Baumkuchen

FETT UND LUFT

ZUTATEN:

MARZIPAN-BUTTER-MASSE:
170 g Marzipan-Rohmasse
2 EL Mandellikör (oder ½ Fl. Bittermandelaroma)
250 g Butter
7 Eigelb (Größe M)
150 g Zucker
1 Pck. Vanillezucker
100 g Mehl Type 405
50 g Speisestärke

EISCHNEE:
7 Eiweiß (Größe M)
10 ml Wasser
1 Prise Salz
100 g Puderzucker

DEKORATION:
200 g dunkle Kuvertüre
20 g Kokosfett
40 ml Nusslikör (nach Belieben)

VORBEREITUNG:
Den Rand einer Springform (26 cm ∅) einfetten.
Den Boden mit Backpapier auslegen.
Marzipan in kleine Stücke zupfen und mit dem Mandellikör in einer Schüssel im Wasserbad erhitzen und mit einem Schneebesen verrühren (vor der Zugabe zur restlichen Masse etwas abkühlen lassen).
Die Eier trennen und das Eiweiß kalt stellen.

ZUBEREITUNG:
Den Backofen auf 200 °C Ober-/Unterhitze vorheizen.
Die Butter aufschlagen. Nach und nach den Zucker, den Vanillezucker, die Eigelbe und die abgekühlte Marzipanmasse unter die Buttercreme mischen. Mehl und Stärke gut mischen (nach Möglichkeit sieben) und löffelweise unter die Butter-Marzipan-Masse rühren.
Eiweiß mit Wasser und Salz steif schlagen und den Puderzucker nach und nach einrieseln lassen. Anschließend den Eischnee mit einem Schneebesen unter die aufgeschlagene Buttermasse heben und gut verrühren.

Backen:

Nun 4–5 gehäufte Esslöffel der Masse in der Form verteilten und auf der 2. Schiene von unten in den vorgeheizten Backofen schieben. Die Backdauer beträgt je nach Backofen ca. 4 Minuten. Die Form herausnehmen und wieder 4–5 gehäufte Esslöffel Masse auf der bereits vorhandenen, gebackenen Schicht verteilen und wieder in der Backofen schieben.
ACHTUNG! Die gebackene Schicht sollte eine goldbraune Färbung haben, damit sie beim Auftragen der nächsten Schicht nicht reißt.
Diesen Schritt so oft wiederholen, bis die Masse aufgebraucht ist. Sie ergibt 8–10 Schichten. Zum Verteilen

der Masse eignet sich am besten ein Teigschaber mit gerader Kante.

Den fertigen Baumkuchen aus dem Backofen nehmen und auskühlen lassen. Aus der Form lösen und wenden, damit das Backpapier abgezogen werden kann. Dann wieder umdrehen.

Die Kuvertüre und das Kokosfett in einem Gefäß im Wasserbad schmelzen und den Nusslikör unterrühren. Anschließend den Kuchen mit der Kuvertüre bestreichen und trocknen lassen. Zum Verteilen der Kuvertüre eignet sich ebenfalls ein Teigschaber oder eine Winkelpalette.

1 Kuchen à ca. 1400 g

15 Min. Vorbereitung/Deko
35–40 Min. Backen

mittel

Frankfurter Kranz

EI

ZUTATEN:

BUTTERCREME:
550 ml Milch
3 EL Zucker
1 Vanilleschote, Mark ausgekratzt
60 g Speisestärke
30 g Butter (zimmerwarm)
1 Ei (Größe M)
250 g Butter
70 g Puderzucker

RÜHRTEIG:
320 g Weizenmehl Type 405
3 TL Backpulver
40 g Speisestärke
1 Prise Salz
160 g Butter (zimmerwarm)
6 Eier (Größe M; zimmerwarm)
240 g Zucker
40 ml Wasser
5 EL Milch (zimmerwarm)

TRÄNKE UND DEKORATION:
120 g Konfitüre, z. B. Himbeere
60 ml Wasser
20 ml Himbeergeist oder Ähnliches
200 g gehackte oder gehobelte Mandeln
8 Belegkirschen (halbiert)

VORBEREITUNG:
Die gehackten Mandeln in der Pfanne ohne Fett rösten, bis sie goldbraun sind und abkühlen lassen.
Aus Milch, Zucker, Speisestärke, Vanillemark und 30 g Butter einen Pudding rühren. Zum Schluss das Ei hinzufügen und aufkochen. Anschließend in eine flache Schüssel gießen und sofort mit Klarsichtfolie abdecken, damit sich keine Haut bildet. Abkühlen lassen.
Eine Kranzform (26 cm ∅) fetten und leicht mit Mehl ausstäuben.
Backofen auf 180 °C Ober-/Unterhitze vorheizen.

ZUBEREITUNG RÜHRTEIG:
Mehl, Backpulver, Stärke und Salz gut mischen. Die Butter erwärmen, bis sie flüssig ist, und abkühlen lassen.
Die Eier, den Zucker und das Wasser in einer Rührschüssel über dem heißen Wasserbad aufschlagen und auf ca. 35 °C erwärmen. Anschließend mit der Küchenmaschine ca. 8–10 Min aufschlagen, bis die Masse eine weißliche Farbe und einen festen Stand hat.
Die Mehlmischung abwechselnd mit der flüssigen Butter unterrühren.

Backen:
Die Masse sofort in die vorbereitete Form füllen und im vorgeheizten Backofen ca. 35–40 Min backen (Stäbchenprobe!). Auf einem Kuchengitter auskühlen lassen.

ZUBEREITUNG TRÄNKE UND FÜLLUNG:
Konfitüre, Wasser und Himbeergeist leicht erhitzen und gut verrühren, bis die Konfitüre flüssig ist.
Butter mit Puderzucker aufschlagen. Dann den vorbereiteten Pudding löffelweise unter die Buttercreme rühren, sodass eine glatte Masse entsteht.

Fertigstellung:

Den Frankfurter Kranz zweimal horizontal durchschneiden. Ca. 150 g Buttercreme in einen Spritzbeutel mit Sterntülle füllen und in den Kühlschrank legen (für die Dekoration).

Den unteren Teil des Kranzes mit der Tränke beträufeln und mit Buttercreme bestreichen. Den mittleren Teil auflegen und den Vorgang wiederholen. Dann zuletzt den oberen Teil daraufsetzen und den Kranz ringsherum mit Buttercreme bestreichen.

Anschließend mit den gerösteten Mandeln bestreuen. Mit dem Spritzbeutel 16 Rosetten aufspritzen und mit den Belegkirschen garnieren.

1 Kranz à ca. 2000 g

120 Min. Vorbereitung + Fertigstellung
35–40 Min. Backen

mittel

Biskuitroulade

EI-BISKUIT

ZUTATEN:

TEIG:
80 g Weizenmehl Type 405
80 g Speisestärke
1 Prise Salz
4 Eier (Größe M, zimmerwarm)
150 g Zucker
4 EL Wasser

FÜLLUNG + DEKORATION:
300 g Himbeeren
300 ml Sahne
7 BL Gelatine
1 EL Himbeergeist
50–100 g Zucker nach Geschmack
100 g weiße Kuvertüre

VORBEREITUNG:

Mehl, Speisestärke und Salz mischen und sieben. Eier trennen.
Den Backofen auf 190 °C Ober-/Unterhitze vorheizen.

ZUBEREITUNG:

Die Eiklar getrennt mit der Hälfte des Zuckers aufschlagen. Das Eigelb mit dem Rest des Zuckers aufschlagen, das Wasser langsam zugeben, bis die Masse eine weißliche Färbung und einen guten Stand hat (6–8 Minuten). Die Mehlmischung vorsichtig mit einem Schneebesen unterheben und nicht zu lange rühren. Zum Schluss das steifgeschlagene Eiweiß vorsichtig unter die Eigelb-Mehl-Masse heben.
Auf ein mit Backpapier belegtes Backblech streichen und das Backpapier an der offenen Seite vom Blech hochklappen.

Backen:

Das Backblech in den Ofen schieben und auf der 2. Schiene von unten ca. 12–14 Minuten backen.
Die Roulade sollte eine goldbraune Farbe haben.
Aus dem Ofen nehmen und abkühlen lassen. Nach dem Abkühlen vorsichtig umdrehen und das Backpapier leicht mit Wasser einstreichen, damit es sich besser abziehen lässt.

Füllung:

8–10 Himbeeren beiseitelegen. Gelatine 5 Minuten in kaltem Wasser einweichen. Restliche Himbeeren mit dem Zucker pürieren. Himbeergeist und 2–3 EL pürierte Himbeeren erwärmen und die Gelatine darin auflösen. Etwas abkühlen lassen. Sahne steif schlagen und 2 EL davon in die Himbeer-Gelatine mischen. Dann restliche Himbeeren in die Sahne unterrühren. Etwas Sahne für die Deko beiseite stellen. Die Roulade auf ein Küchen-

tuch legen, mit der Himbeer-Sahne bestreichen und von der schmalen Seite her aufrollen. Außen mit Sahne bestreichen und mit einem Spritzbeutel Rosetten aufspritzen und den Himbeeren garnieren. Mit einem Küchenmesser feine Streifen von der Kuvertüre auf die Roulade kratzen.

1 Roulade à ca. 1300 g

40 Min. Vorbereitung
12–14 Min. Backen

einfach

1 Tortenboden à ca. 700 g

40 Min. Vorbereitung
15–20 Min. Backen

einfach

Tortenboden

EI

ZUTATEN:

100 g Weizenmehl Type 405
100 g Speisestärke
1 Prise Salz
6 Eier (Größe M; zimmerwarm)
6 EL kaltes Wasser
200 g Zucker
2 Pck. Vanillezucker

ZUBEREITUNG:

Mehl, Speisestärke und Salz mischen und sieben. Eier trennen.
Den Backofen auf 190 °C Ober-/Unterhitze vorheizen.
Den Rand einer Springform (26 cm ∅) fetten. Die Bodenplatte mit Backpapier auslegen (Papier muss über die Platte hinausragen), dann den Tortenring wieder umlegen und festspannen.
Eiweiß, Wasser und eine Prise Salz mit dem Handrührgerät auf höchster Stufe steif schlagen. Zucker und Vanillezucker nach und nach hinzufügen und weiterschlagen. Eigelb ebenfalls schaumig schlagen. Mit einem Schneebesen vorsichtig den Eigelbschaum untermengen.
Die Mehlmischung vorsichtig mit dem Schneebesen unterrühren

Backen:

Die Masse in die Springform geben und die Form auf einem Backblech auf der mittleren Schiene in den vorgeheizten Ofen schieben und 15–20 Minuten backen. Aus dem Ofen nehmen und auskühlen lassen. Nach dem Auskühlen vorsichtig mit einem Messer vom Rand der Form lösen. Backpapier leicht mit Wasser einstreichen, damit es sich besser abziehen lässt.
Die Böden entweder mit einem großen Messer oder einem umgelegten Faden horizontal schneiden, wie es das Tortenrezept verlangt.

Quarkkuchen mit Pfirsichen

EI UND BACKPULVER

ZUTATEN:

750 g Magerquark
5 Eier (Größe M; zimmerwarm)
200 g Butter (zimmerwarm)
280 g Zucker
2 Pck. Vanillezucker
abgeriebene Schale von 1 unbehandelten Zitrone
40 g Stärke (Reis- oder Maisstärke)
80 g Grieß
1 Pck. Backpulver
1 Prise Salz
1250 g Pfirsiche
100 g Orangengelee

VORBEREITUNG:

Quark über Nacht in einem Sieb abtropfen lassen.
Am nächsten Tag in einem Küchentuch (am besten in einem Leinentuch) gut ausdrücken, damit das restliche Wasser herausläuft.
Den Backofen auf 175 °C Ober-/Unterhitze vorheizen.
Kuchenform (40 × 30 cm) mit Backpapier auslegen.
An einer schmalen Seite der Form das Backpapier etwa 10 cm überstehen lassen. Damit kann man den Kuchen nach dem Abkühlen leichter aus der Form ziehen.
Eier trennen. Eiweiß kalt stellen.

ZUBEREITUNG:

Butter mit dem Handrührgerät aufschlagen. Nach und nach Zucker, Eigelb, Vanillezucker und Zitronenschalenabrieb dazugeben. Quark, Stärke, Backpulver und Grieß mischen und ebenfalls unterrühren.
Eiweiß mit Salz sehr steif schlagen und vorsichtig unter die Butter-Quark-Masse heben.
Die Masse in die vorbereitete Form gießen und mit den Pfirsichhälften belegen. Bei Bedarf können die Pfirsiche auch kleiner geschnitten werden.

Backen:

Die Form auf einem Backblech auf der mittleren Schiene in den vorgeheizten Backofen schieben und 60 Minuten backen. Danach weitere 15 Minuten im ausgeschalteten Ofen ruhen lassen.
Anschließend aus dem Ofen nehmen und etwas auskühlen lassen. Den Kuchen mithilfe eines Messers vorsichtig vom Rand der Form lösen und mit dem überstehenden Backpapierrand herausziehen.
Das Orangengelee erwärmen, bis es flüssig ist, und den noch warmen Kuchen damit bestreichen.

1 Kuchen à ca. 2700 g

40 Min. Vorbereitung
75 Min. Backen

einfach

1 Gugelhupf à ca. 2000 g	40 Min. Vorbereitung 60–70 Min. Backen	einfach

Gugelhupf mit Kirschenquark

EI UND BACKPULVER

ZUTATEN:

250 g Magerquark
5 Eier (Größe M; zimmerwarm)
400 g Weizenmehl Type 550
40 g Stärke
1 Pck. Backpulver
1 Glas Kirschen
250 g Butter (zimmerwarm)
300 g Zucker
2 Pck. Vanillezucker
abgeriebene Schale von 1 unbehandelten Zitrone
150 ml Milch
1 Prise Salz
etwas Mehl für die Kirschen

VORBEREITUNG:

Quark über Nacht in einem Sieb abtropfen lassen.
Am nächsten Tag in einem Küchentuch (am besten in einem Leinentuch) gut ausdrücken, damit das restliche Wasser herausläuft.
Eier trennen. Eiweiß kalt stellen.
Mehl, Stärke und Backpulver mischen.
Kirschen abtropfen lassen.
Den Backofen auf 170 °C Ober-/Unterhitze vorheizen.
Eine Gugelhupfform mit Butter fetten und mit Mehl ausstäuben.

ZUBEREITUNG:

Butter mit dem Handrührgerät aufschlagen. Zucker, Eigelb, Vanillezucker und Zitronenschalenabrieb nach und nach dazugeben. Quark unterrühren. Anschließend mit dem Schneebesen die Mehlmischung und die Milch abwechselnd unterheben.
Eiweiß mit Salz steif aufschlagen und vorsichtig mit dem Schneebesen unterheben. Die Kirschen in Mehl schwenken, bis kein Mehl mehr haften bleibt und dann vorsichtig unter die Masse ziehen.
Die Masse in die vorbereitete Form geben.

Backen:

Die Form auf einem Backblech auf der 2. Schiene von unten in den vorgeheizten Backofen schieben und bei 170 °C Ober-/Unterhitze 50 Minuten backen. Die Temperatur auf 150 °C reduzieren und 20 Minuten fertigbacken (Stäbchenprobe).
Anschließend aus dem Ofen nehmen und 10–15 Minuten in der Form auskühlen lassen. Danach auf ein Kuchengitter stürzen.

Schneller Butterkuchen

EI

ZUTATEN:

TEIG:
330 g Weizenmehl Type 405
3 TL Backpulver
40 g Stärke
5 Eier (Größe M; zimmerwarm)
300 g Butter (zimmerwarm)
200 g Zucker
1 Pck. Vanillezucker
abgeriebene Schale von ½ unbehandelten Zitrone
1 EL Wasser
1 Prise Salz
50 g Puderzucker

BELAG:
75 g Butter in Flöckchen
150 g Mandelblättchen
75 g Zucker
½ TL Zimt
2 EL Aprikosenmarmelade

VORBEREITUNG:

Den Backofen auf 180 °C Ober-/Unterhitze vorheizen.
Eine Kuchenform mit hohem Rand (40 × 30 cm) mit Backpapier auslegen.
Mehl, Backpulver und Stärke gut mischen und sieben.
Eier trennen, Eiweiß kalt stellen.

ZUBEREITUNG:

Butter aufschlagen. Eigelbe, Zucker, Vanillezucker und Zitronenschalenabrieb nach und nach dazugeben. So lange aufschlagen, bis sich der Zucker komplett aufgelöst hat. Danach die Mehlmischung mit einem Schneebesen vorsichtig unterheben.
Das Eiweiß mit dem Wasser und dem Salz steif schlagen, Puderzucker einrieseln lassen und unter die Butter-Mehl-Mischung heben. Die Masse in die Form gießen und gleichmäßig verteilen. Die Butter in kleinen Flöckchen auf der Masse verteilen, die Mandelblättchen darüber streuen und mit Zucker und Zimt bestreuen.

Backen:

Die Form auf der mittleren Schiene in den vorgeheizten Backofen schieben und ca. 20–25 Minuten goldbraun backen (Stäbchenprobe).
Aprikosenmarmelade im Topf erhitzen.
Anschließend den Kuchen aus dem Ofen nehmen, mit der heißen Aprikosenmarmelade abstreichen und etwas auskühlen lassen. Den Kuchen mithilfe eines Messers vom Rand der Form lösen und auf zwei Kuchengittern auskühlen lassen.

1 Kuchen à ca. 1400 g

20 Min. Vorbereitung
20–25 Min. Backen

einfach

1 Kuchen à ca. 1700 g	30 Min. Vorbereitung 25–30 Min. Backen	einfach

Rührkuchen mit geraspelten Äpfeln

EI

ZUTATEN:

TEIG:
300 g Weizenmehl Type 405
30 g Stärke
2 TL Backpulver
125 ml Milch
150 g Butter
4 Eier (Größe M; zimmerwarm)
3 mittelgroße Äpfel (süß-sauer)
Saft von ½ Zitrone
200 g Zucker
1 Pck. Vanillezucker
50 g Puderzucker
1 Prise Salz
1 EL Wasser

BELAG:
100 g gehackte Mandeln
75 g Zucker
½ TL Zimt
2 EL Aprikosenmarmelade

VORBEREITUNG:
Den Backofen auf 180 °C Ober-/Unterhitze vorheizen.
Eine Kuchenform mit ca. 2 cm hohem Rand (40 × 30 cm) mit Backpapier auslegen.
Mehl, Stärke und Backpulver gut mischen.
Milch und Butter erhitzen und abkühlen lassen.
Eier trennen. Eiweiß kaltstellen.
Zimt und Zucker mischen.
Äpfel schälen, entkernen und auf der Küchenreibe fein raspeln und mit dem Zitronensaft übergießen (verhindert die Braunfärbung der Äpfel).

ZUBEREITUNG:
Eigelb mit Zucker und Vanillezucker in einer vorgewärmten Schüssel schaumig rühren (6–8 Minuten). Mit einem Schneebesen abwechselnd die Mehlmischung und die abgekühlte Milch-Butter-Mischung unterrühren. Die geraspelten Äpfel unterheben. Das Eiweiß mit Salz und dem Wasser zu einem festen Eischnee schlagen. Den Eischnee vorsichtig unter die Masse heben und auf dem Blech verteilen. Mit den gehackten Mandeln und der Zimt-Zucker-Mischung bestreuen.

Backen:
Die Form auf der mittleren Schiene in den vorgeheizten Backofen schieben und ca. 25–30 Minuten goldbraun backen (Stäbchenprobe).
Aprikosenmarmelade in einem Topf erhitzen.
Anschließend den Kuchen aus dem Ofen nehmen, mit der heißen Aprikosenmarmelade abstreichen und etwas auskühlen lassen. Den Kuchen mithilfe eines Messers vom Rand der Form lösen und auf zwei Kuchengittern auskühlen lassen.

Kakao-Rum-Kuchen

EI

ZUTATEN:

TEIG:
375 g Weizenmehl Type 405
50 g Speisestärke
2 TL Backpulver
5 EL Kakaopulver
150 ml Milch, handwarm
5 Eier (Größe M; zimmerwarm)
350 g Zucker
1 Pck. Vanillezucker
1 Prise Salz
50 ml Rum 54 % Alkohol
250 ml Speiseöl (Raps-, Sonnenblumenöl oder anderes geschmacksneutrales Öl)
150 ml Milch, lauwarm

DEKORATION:
200 g Kuvertüre
gehobelte Mandeln

VORBEREITUNG:

Den Backofen auf 180 °C Ober-/Unterhitze vorheizen.
Den Boden einer Springform (26 cm ∅) mit Backpapier auslegen. An den Seiten gut einfetten und mit Mehl bestäuben.
Mehl, Stärke, Backpulver und Kakao gut mischen.
Eier trennen und Eiweiß kalt stellen.

ZUBEREITUNG:

Eigelb, Zucker, Vanillezucker und Salz schaumig schlagen. Wenn die Masse beginnt fest zu werden, nach und nach den Rum und das Öl dazugießen.
Danach die Mehlmischung abwechselnd mit der lauwarmen Milch unterrühren.
Das Eiweiß zu Schnee schlagen und löffelweise zur Masse geben und unterheben. Die fertige Masse in die vorbereitete Form gießen.

Backen:

Die Form auf der 2. Schiene von unten in den vorgeheizten Backofen schieben und ca. 60 Minuten backen (Stäbchenprobe!). Anschließend aus dem Ofen nehmen und etwas auskühlen lassen. Den Kuchen mithilfe eines Messers vom Rand der Form lösen und den Ring sowie das Backpapier entfernen.
Kuvertüre in einer Schüssel im Wasserbad schmelzen, den Kuchen damit bestreichen und mit den gehobelten Mandeln bestreuen.

1 Kuchen à ca. 1500 g	25 Min. Vorbereitung 50–60 Min. Backen	einfach

Für ca. 75 Brownies à 20 g

30 Min. Vorbereitung
20–25 Min. Backen
30 Min. Dekoration

mittel

Brownies

EI

ZUTATEN:

TEIG:
200 g Weizenmehl Type 405
1 TL Backpulver
50 g Kakaopulver
300 g Zartbitter-Kuvertüre
250 g Butter
4 Eier (Größe M)
1 Prise Salz
250 g brauner Zucker

DEKORATION:
200 g Zucker
2 EL Wasser
150 ml süße Sahne

VORBEREITUNG:

Den Backofen auf 180 °C Ober-/Unterhitze vorheizen.
Eine runde Springform mit Backpapier auslegen. Ränder einfetten.
Mehl, Backpulver und Kakao gut mischen.
Kuvertüre und Butter schmelzen und etwas abkühlen lassen (soll noch flüssig sein!).

ZUBEREITUNG:

Eier stark schaumig schlagen. Nach und nach das Salz und den Zucker einrieseln lassen. Weiter aufschlagen, bis sich die Masse weißlich färbt. Die Kuvertüre-Butter-Mischung langsam unterrühren. Zum Schluss die Mehlmischung unterheben und in die Backform gießen.

Backen:

Die Form auf der mittleren Schiene in den vorgeheizten Backofen schieben und ca. 20–25 Minuten backen. Anschließend aus dem Ofen nehmen und etwas auskühlen lassen. Den Kuchen mithilfe eines Messers vom Rand der Form lösen. Den Kuchen mit der Oberseite nach unten auf einem Küchentuch auskühlen lassen.

Dekoration:

Den Zucker mit dem Wasser in einem mittelgroßen Edelstahltopf bei mittlerer Hitze schmelzen, bis er eine bräunliche Färbung angenommen hat. Topf vom Herd nehmen und unter ständigem Rühren vorsichtig die Sahne einfließen lassen (Achtung, spritzt!). Weiterrühren, bis sich Sahne und Zucker zu heißem Karamell verbunden haben.
Den Kuchen wieder wenden und mit der Karamellmasse bestreichen. Anschließend auskühlen lassen.
Danach mit einem scharfen Messer in 3 × 3 cm große Stücke schneiden. Messer immer wieder mit heißem Wasser abspülen, damit nichts daran hängen bleibt.

Kokosmakronen

LUFT

ZUTATEN:

TEIG:
4 Eiweiß, kalt
3 TL Zitronen- oder Limettensaft
75 g Puderzucker
75 g Zucker
2 TL Speisestärke
1 Prise Salz
200 g Kokosraspel
1 TL Zitronen- oder Limettenabrieb
wahlweise 40–50 Oblaten

DEKORATION:
bunte Streusel
Kuvertüre (nach Belieben)

VORBEREITUNG:
Eiweiß kaltstellen.
Den Backofen auf 175 °C Ober-/Unterhitze vorheizen.
Backblech mit Backpapier auslegen.
Zitronen/Limetten heiß abspülen, Schale abreiben und den Saft auspressen.
Kokosraspel goldgelb in der Pfanne rösten, erkalten lassen und mit dem Zitronen-/ Limettenabrieb vermischen.
Puderzucker, Zucker und Stärke vermischen.

ZUBEREITUNG:
Das gut gekühlte Eiweiß mit einer Prise Salz und 1 TL Zitronen- bzw. Limettensaft steif schlagen und die Zucker-Stärke-Mischung nach und nach zugeben. Die Kokosraspelmischung anschließend mit einem Schneebesen von Hand nach und nach unterheben.
Die Masse in einen Spritzbeutel mit Loch- oder Sterntülle füllen. Mit dem Spritzbeutel senkrecht die Masse zu einem Türmchen nach Wunsch auf Oblaten oder direkt aufs Backpapier spritzen. Darauf achten, dass der Spritzbeutel bei der Spritzbewegung nach oben abgezogen wird. Die aufgespritzten Makronen mit bunten Streuseln garnieren und zur Festigung 10–15 Minuten kaltstellen. Mit dem nächsten Blech ebenso verfahren.

Backen:
Das Backblech auf der mittleren Schiene in den vorgeheizten Backofen schieben und ca. 10–12 Minuten backen, bis die Makronen sich leicht färben. Anschließend aus dem Ofen nehmen und auf einem Kuchengitter auskühlen lassen. Nach Belieben die Spitzen der Makronen in Kuvertüre tauchen und erkalten lassen.
In Keksdosen schichten und die Schichten mit Backpapier trennen. Über den Dosenrand eine Frischhaltefolie spannen und dann verschließen.

Für ca. 40–50 Makronen
(je nach Größe)

30 Min. Vorbereitung
14–16 Min. Backen
10 Min. Dekoration

einfach

Für ca. 1 Backblech	30 Min. Vorbereitung 60–120 Min. Backen	einfach

Baiser-Masse

LUFT

ZUTATEN:
200 g Zucker, fein
4 Eiweiß

VORBEREITUNG:
Wasser in einem Topf zum Kochen bringen.
Backblech mit Backpapier belegen.
Für eine weiße Färbung des Baisers den Backofen auf 100–120 °C (Ober-/ Unterhitze) vorheizen.
Für eine dunklere Färbung den Backofen auf 150 °C Ober-/Unterhitze vorheizen.
Für einen Tortenüberzug den Backofen auf 200 °C Ober-/Unterhitze vorheizen.

ZUBEREITUNG:
Das Eiweiß und den Zucker in einem Edelstahlkessel über dem heißen Wasserbad mit einem Handrührgerät cremig schlagen (ca. 6–8 Minuten).
Anschließend vom Topf nehmen und weiterschlagen, bis die Masse kalt ist und sich festigt. Wenn man die Quirle aus der Masse zieht, muss die Eischneespitze stehen bleiben.

Backen:

ZUR VERWENDUNG ALS SCHAUMKONFEKT:
Baiser-Masse in einen Spritzbeutel füllen und mit der gewünschten Tülle auf ein mit Backpapier belegtes Backblech spritzen. Das Backblech auf der 2. Schiene von unten in den Backofen schieben und bei 100–120 °C 90–120 Minuten trocknen. Um eine sichere Trocknung und Festigkeit zu erhalten, die Baiserstücke über Nacht im ausgeschalteten Ofen lassen.

ZUR VERWENDUNG ALS TORTENÜBERZUG:
Einen Tortenring auf ein mit Backpapier belegtes Backblech legen, die Baiser-Masse einfüllen und vorsichtig verstreichen (7–10 mm dick). Das Backblech auf der 2. Schiene von unten in den Backofen schieben und bei 200 °C ca. 10 Minuten backen.

Service

Einkaufstipps und Bezugsquellen

Haushaltsmühlen

Karl-Heinz Häussler GmbH
Nussbaumweg 1
88499 Heiligkreuztal
Telefon: +49 (0) 73 71/93 77-0
Telefax: +49 (0) 73 71/93 77-40
E-Mail: info@backdorf.de
www.backdorf.de

hawos Kornmühlen GmbH
Ober-Eschbacher-Str. 37
61352 Bad Homburg
Telefon: +49 (0) 61 72/4 01 20-0
Telefax: +49 (0) 61 72/4 01 20-19
E-Mail: info@hawos.de
www.hawos.de

Waldner biotech GmbH
Kärntnerstraße 62
9900 Lienz/Osttirol, Österreich
Telefon: +43 (0) 48 52/7 02 00
Telefax: +43 (0) 48 52/7 02 00-2
E-Mail: office@waldner-biotech.at
www.waldner-biotech.at

Brotbacköfen

MANZ Backtechnik GmbH
Münster 192–193, Gewerbegebiet Hörle
97993 Creglingen
Telefon: +49 (0) 79 33/91 40-0
Telefax: +49 (0) 79 33/91 40-99
E-Mail: info@manz-backtechnik.de
www.manz-backoefen.de

Karl-Heinz Häussler GmbH
Nussbaumweg 1
88499 Heiligkreuztal
Telefon: +49 (0) 73 71/93 77-0
Telefax: +49 (0) 73 71/93 77-40
E-Mail: info@backdorf.de
www.backdorf.de

Knetmaschinen

Ankarsrum-Assistent:
Holländer & Zacharias GbR
Flinschstr. 35
60388 Frankfurt
Telefon: +49 (0) 69/4 99 01 31
Telefax: +49 (0) 69/4 90 45 5
E-Mail: info@hollaender-elektro.de
www.ankarsrum-kuechenmaschine.de

MANZ Backtechnik GmbH
Münster 192–193, Gewerbegebiet Hörle
97993 Creglingen
Telefon +49 (0) 79 33/91 40-0
Telefax +49 (0) 79 33/91 40-99
E-Mail: info@manz-backtechnik.de
www.manz-backoefen.de

Karl-Heinz Häussler GmbH
Nussbaumweg 1
88499 Heiligkreuztal
Telefon: +49 (0) 73 71/93 77-0
Telefax: + 49 (0) 73 71/93 77-40
E-Mail: info@backdorf.de
www.backdorf.de

Backutensilien und Backzutaten

Minerva Handelsgesellschaft mbH
Reinhard Luginger
Holzlandstr. 1.7
04779 Calbitz
Telefon: +49 (0) 3 43 61/5 44 55
Telefax: +49 (0) 3 43 61/5 44 57
E-Mail: mail@teetraeume.de
www.teetraeume.de

Zum Weiterlesen

Website und Forum

www.erfolgreich-backen-mit-pöt.de
www.brotbackforum.iphpbb3.com

Buchtipps

Bauer, Christina (2018): Kuchen backen mit Christina: Einfache und schnelle Back-Rezepte, die ganz sicher gelingen! Löwenzahn Verlag

Lunge, Dr. G. (1900, Neuauflage 2013): Taschenbuch für die Soda-, Pottasche- und Ammoniak-Fabrikation, 3. Auflage, Springer Verlag

Pokorny, Ada und Kühne, Petra (2016): Backen von Brot und Gebäck aus allen 7 Getreidearten: mit dem Spezial-Backferment, 8. Auflage Arbeitskreis f. Ernährungsforschung

Renzenbrink, Udo (2014): Die sieben Getreide: Nahrung für den Menschen, 5. Auflage, Verlag am Goetheanum

Stiftung Warentest (Hrsg.; 2016): Perfektion – Die Wissenschaft des guten Kochens. Band 3: Brot, Kuchen, Gebäck & Desserts, Verlag Stiftung Warentest

Stoldt, Martin Pöt (2017): Gutes Brot braucht Zeit. Backen mit langer, kalter Teigführung und eigener Hefe, Verlag Eugen Ulmer

Stoldt, Martin Pöt (2018): Glutenfrei Brot und Kuchen backen – endlich verständlich, Verlag Eugen Ulmer

Stoldt, Martin Pöt (2020): Der Sauerteig – das unbekannte Wesen, 12. Auflage, Verlag Eugen Ulmer

Teubner, Christian und Wolter, Annette (2016): Backvergnügen wie noch nie, 5. Aufl. Gräfe und Unzer Verlag

Schnell nachgeschlagen

Der Autor

Martin Pöt Stoldt kam Anfang der 1980er-Jahre aus gesundheitlichen Gründen zum Selberbacken und damit zum Sauerteig. Aus seinen vielen Backversuchen wurde das größte deutschsprachige Sauerteigforum, der Bestseller „Der Sauerteig – das unbekannte Wesen" und schließlich sein Naturkostversand „isaak naturkost". Seit dem Frühjahr 2017 erscheinen regelmäßig Titel zu Backthemen in der Buchreihe „Erfolgreich backen mit Pöt" im Verlag Eugen Ulmer.

Impressum

Alle Fotos stammen vom Autor.
Titelfoto: Hartmut Seehuber Fotografie

Die in diesem Buch enthaltenen Empfehlungen und Angaben sind vom Autor mit größter Sorgfalt zusammengestellt und geprüft worden. Eine Garantie für die Richtigkeit der Angaben kann aber nicht gegeben werden. Autor und Verlag übernehmen keine Haftung für Schäden und Unfälle. Bitte setzen Sie bei der Anwendung der in diesem Buch enthaltenen Empfehlungen Ihr persönliches Urteilsvermögen ein. Der Verlag Eugen Ulmer ist nicht verantwortlich für die Inhalte der im Buch genannten Websites.

Bibliografische Information der Deutschen Nationalbibliothek
Die Deutsche Nationalbibliothek verzeichnet diese Publikation in der Deutschen Nationalbibliografie; detaillierte bibliografische Daten sind im Internet über http://dnb.d-nb.de abrufbar.

Das Werk einschließlich aller seiner Teile ist urheberrechtlich geschützt. Jede Verwertung außerhalb der engen Grenzen des Urheberrechtsgesetzes ist ohne Zustimmung des Verlages unzulässig und strafbar. Das gilt insbesondere für Vervielfältigungen, Übersetzungen, Mikroverfilmungen und die Einspeicherung und Verarbeitung in elektronischen Systemen.

© 2020 Eugen Ulmer KG
Wollgrasweg 41, 70599 Stuttgart (Hohenheim)
E-Mail: info@ulmer.de
Internet: www.ulmer.de
Projektleitung: Lisa Seibel
Lektorat: Claudia Boss-Teichmann
Herstellung: Gabriele Wieczorek
Umschlaggestaltung: Verlag Eugen Ulmer
Satz: r&p digitale medien, Echterdingen
Reproduktion: timeRay Visualisierungen
Druck und Bindung: Livonia Print, Riga, Lettland
Printed in Latvia

ISBN 978-3-8186-0694-7